Hinter dem Sachregister befindet sich ein ausführliches Verzeichnis der

Guttentagschen Sammlung

Deutscher Reichs- und Preußischer Gesetze

— Textausgaben mit Anmerkungen; Taschenformat —

die alle wichtigeren Gesetze in unbedingt zuverlässigem Abdruck und mit mustergültiger Erläuterung wiedergibt.

Guttentagsche Sammlung
Nr. 114. Deutscher Reichsgesetze. Nr. 114.
Textausgaben mit Anmerkungen.

Waffengebrauch und Festnahmerecht des Militärs.

Eine Erläuterung der Preußischen Allerhöchsten Dienstvorschrift vom 19. März 1914 und der einschlägigen gesetzlichen Bestimmungen aller Bundesstaaten

von

Dr. jur. A. Romen,
Wirklichem Geheimem Kriegsrat
und Major der Reserve
im Garde-Füsilier-Regiment.

und

Dr. jur. Carl Rissom,
Kriegsgerichtsrat
bei der 18. Division.

Berlin 1914.
J. Guttentag, Verlagsbuchhandlung,
G. m. b. H.

Vorwort.

Wie die Erfahrung gezeigt hat, gibt es im Bereiche des militärischen Rechts kaum ein schwierigeres und an Verantwortung reicheres Gebiet, als das des militärischen Waffengebrauchs. Nachdem die früher nur für den Dienstgebrauch bestimmte Dienstvorschrift für das Preußische Heer in der Neufassung vom 19. März 1914 der Öffentlichkeit zugänglich gemacht ist, erschien es notwendig, sie zu erläutern und mit den ihre Grundlage bildenden und ihr verwandten gesetzlichen Bestimmungen in Beziehung zu bringen. Bei der Auswahl des Gebotenen war allein die Rücksicht auf das Bedürfnis der Praxis maßgebend. Gemäß dem Inhalt der Verordnung ist auch das Recht der Festnahme durch Militärpersonen zur Darstellung gebracht. Die Darstellung anderer Zwangsrechte des Militärs schließt sich an.

In Anlehnung an die Vorschrift ist zunächst das Eintreten des Militärs für die Aufrechterhaltung der militärischen und staatlichen Ordnung in ordentlichen Friedensverhältnissen behandelt. Es folgt sodann die Darstellung des Kriegs- und Belagerungszustandes, der eine erhöhte Gewalt und eine erweiterte Tätigkeit der militärischen Macht mit sich bringt.

Besonderer Wert ist auf die Darstellung der strafrechtlichen Verantwortlichkeit für Überschreitung oder Nichtausübung der militärischen Rechte und Pflichten gelegt. Teilweise konnte dabei auf die von den Verfassern herausgegebene Bearbeitung des Militärstrafgesetzbuches (Nr. 67 der Guttentagschen Sammlung) verwiesen werden. Auch die vermögensrechtliche Haftung ist erörtert.

Die Rechtsnormen Bayerns sind gleichfalls zur Darstellung gebracht, ebenso auch im wesentlichen die für die übrigen Bundesstaaten geltenden besonderen Bestimmungen.

Den Waffengebrauch im Kriege näher darzustellen, lag einstweilen nicht im Bereich der gestellten Aufgabe. Im letzten Abschnitt sind aber einige dieses Gebiet betreffende Bestimmungen als Grundlage einer späteren eingehenden Darstellung angeführt.

Berlin und Flensburg, Mai 1914.

Die Verfasser
Romen und **Rissom.**

Inhaltsverzeichnis.

Erste Abteilung.

Rechtswahrung im ordentlichen Friedenszustand.

Zweite Abteilung.

Erster Unterabschnitt.

Ich genehmige die beifolgende Vorschrift über den Waffengebrauch des Militärs und seine Mitwirkung zur Unterdrückung innerer Unruhen.

Berlin, den 19. März 1914.

Wilhelm.

v. Falkenhayn.

An das Kriegsministerium.

(Das Titelblatt trägt den Vermerk:
Hierdurch tritt die Vorschrift vom 23. 3. 99 außer Kraft.)

(Die entsprechenden neuen Dienstvorschriften für Sachsen und Württemberg, welche voraussichtlich nur unerhebliche Änderungen bringen werden, sind bis Mai 1914 noch nicht erschienen.)

Erste Abteilung.

Rechtswahrung im ordentlichen Friedenszustand.

Schrifttum.

1. Kommentare zum MStGB., Gesamtdarstellungen des Militärstrafrechts, Schriften allgemein militärrechtlichen Inhalts, Rechtsprechung, Reformfragen, s. Romen und Rissom, MStGB., Ausgabe von Guttentag, 1912, S. 8—11.

2. Militärischer Waffengebrauch: Zimmermann, Über strafrechtliche Tötungen, Gerichtssaal von 1883, 34 266. — Stooß, Bemerkungen zu dem Entwurf eines schweizerischen MStGB., Tötung und Körperverletzung, Bern, 1885. — van Calker, Das Recht des Militärs zum administrativen Waffengebrauch, München 1888. — Bühlmann, Das Recht zum Waffengebrauch in der schweizerischen Armee, in Schweiz. Monatsschr. f. Off. aller Waff. von 1891, 3 37. — Mappes, Über das Recht des Waffengebrauchs durch die staatlichen Vollzugsorgane, Diss. Erl. 1892. — Dangelmaier, Das Recht und die Pflicht der Anwendung der Waffe, in mil.-rechtl. u. mil.-eth. Abh., Wien 1893, S. 16. — Delius, Das Recht der Vollzugsbeamten und des Militärs zum administrativen Waffengebrauch, im Arch. f. öff. R. von 1896, 11 84. — Kronberger, Über das Verhalten der bewaffneten Macht bei Kommandos usw., München 1896. — Gerland, Entsch. d. RMG. in KrVJSchr. von 1903, 45 429. — Schultze, Der Mißbrauch der Waffe nach d. Militärstrafrecht, Diss., Erlangen 1903. — Endres, Der militär. Waffengebrauch, Berlin 03. — M. E. Mayer, Die allgemeinen Strafschärfungsgründe d. D. MStGB., Leipzig 1903. — Ph. O. Mayer, Die Notwehr und die Zusammenrottung im Militärstrafrecht in Z. f. Rechtspfl. in B. von 1905, 1 73. — Rissom, Notwehr und Waffengebrauch des Militärs, Berlin 1906. — Böttcher, Verhaftungen und vorläufige Festnahmen durch

das Militär und der Waffengebrauch des Militärs, Berlin 1907. — Readh, Die Notwehr bei einem Angriff auf die Ehre und der zulässige Waffengebrauch, 4. Aufl., Graz 1907. — Reichmuth, Das Recht der Forstbeamten zum Waffengebrauch in Deutschland, Neudamm 1908. — Güst, Mißhandlung Untergebener nach Militärstrafrecht, Leipzig 1908. — Lauerer, Der Mißbrauch der Dienstgewalt nach Deutschem MStGB., Dissertation, München 1908. — Wilsing, Der administrative Waffengebrauch der öff. Wachorgane und des Heeres, Wien 1909. — Lelewer, Grundriß des Militärstrafrechts, Leipzig 1909, S. 22—27. — Neubecker, Zwang und Notstand in rechtsvergleichender Darstellung. Bd. 1. Grundlagen. Der Zwang im öffentl. Recht. 1910. — Kowerk, Das Notwehrrecht der Militärpersonen nach deutschem und ausländischem Recht, Diss., Straßburg 1910. — v. Reinhardt, Der Waffengebrauch als Mittel staatlichen Verwaltungszwangs nach Deutschem Verwaltungsrecht, Diss., Heidelberg 1910. — Rotermund, Ist das Vorhandensein von § 149 MStGB. notwendig? in Steibles Festschrift zum 1. Okt. 1910. — Gugger, Der Mißbrauch der Dienstgewalt nach schweiz. und deutsch. MStrafr., Diss. Bern 1911. — Dietz, Handwörterbuch des Militärrechts 1912. Stichwörter: Einschreiten der bewaffneten Macht in Bayern (Erhard). Festnahme, vorläufige (Esner von Gronow). Festnahme aus disziplinaren Gründen (Dietz). Gendarmerie in Bayern (Erhard), Grundstücke, Benutzung zu mil. Zwecken (Jacquin), Haftung der Militärpersonen (Jacquin). Landgendarmerie (Rotermund), Militärfiskus (Jacquin), Militärlasten (Jacquin), Notstand (Grützmacher), Notstand der Disziplin (desgl.), Notwehr (desgl.), Schadensersatz bei Aufläufen in Bayern (Erhard), Wachen, militärische (Näumann), Waffengebrauch, administrativer, des Militärs (Grützmacher), Waffengebrauch, strafbarer, §§ 55 Z. 2 und 149 MStGB. (Grützmacher). Kägi, Der Waffengebrauch des Militärs in der Schweiz, Rastatt 1913.

Ferner Aufsätze von: Anschütz, Zabern, DJZ. 1913, S. 1457. — Romen, Zweierlei Maß, „Tag" v. 28. Dez. 1913. — v. Katte, „Selbstverteidigung des Militärs gegen rechtswidrige Angriffe im Frieden"; — „Der Waffengebrauch des Militärs im Dienst"; — „Der Waffengebrauch des Militärs außerhalb des Dienstes" in der „Kreuz-Zeitung" vom 22. Dezember 1913, vom 5. und 6. Januar 1914. — Lindenau, Zabern, DJZ. 1913, S. 1462. — Hamm, Zabern, DJZ. 1914, S. 121. — Laband, Die Kommandogewalt und die Kabinettsorder von 1820, DJZ. 1914. S. 185 ff. — Jellinek, Zabern, Über das Verhaftungsrecht des Militärs, 1914. — Höpfner, Zabern. Leipziger Zeitschr. f. Deutsches Recht, Berl. Schweitzer, 1914. — Arndt, Haben sich die tumultuierenden Zaberner Zivilpersonen strafbar gemacht? „Tag" v. 15. Jan. 1914. — Romen, Die Gültigkeit der Kabinettsordre von 1820, „Tag" v. 21. u. 22. Jan. 1914. — Molitor, Der Zaberner Konflikt, „Tag" v. 25. Jan. 1914.

3. Befehl und Ungehorsam, s. Romen und Rissom, MStGB. zu §§ 47 und 92, außerdem: Sufflow, Der Befehl im Strafrecht, Diss., Heidelberg 1910. — Thielke, Gehorsam und Schuld des Staatsbeamten und des Soldaten bei gesetzwidrigen Befehlen des Vorgesetzten, Diss., Königsberg 1911. — Tiessen, Die strafrechtl. Wirkungen des rechtswidrigen Befehls im Staats- und Militärdienst, Kölner Diss. 1911. — Mersmann, Der Begriff der Rechtmäßigkeit der Amtsausübung, 1909 (Heft 96, Strafr. Abh.). — Müller, Die mil. Dienstpflicht nach Deutschem Verwaltungsrecht, Diss. 1909. — Heilborn, Die Pflicht zur Befolgung rechtswidriger Befehle, Festschr. f. Gierke, 1911, S. 125 fg.

4. Notwehr s. unten bei I. 3 (S. 67 ff.).

5. Allgemein-staatsrechtliche Werke: Laband, Staatsrecht d. D. Reiches, 4. Aufl., 1901, 5. Aufl. 1911, Band 4. — Georg Meyer, Lehrbuch d. D. Staatsrechts, 5. Aufl. 1899, 6. Aufl. (von Anschütz) 1905. — Zorn, Staatsrecht d. D. R., 2. Aufl. 2 Bände, 1895, 1897. — Otto Mayer, Deutsches Verwaltungsrecht, 2 Bände, 1895 und 1896. — Marschall von Bieberstein, Verantwortlichkeit und Gegenzeichnung bei Anordnungen des Obersten Kriegsherrn, 1911. — Arndt, Preuß. Verfassungsurkunde, Guttentag, 1911. — Anschütz, Verfassungsurkunde f. Preußen, 1912.

Vorbemerkungen.

1 Grundlegende Erörterungen. Das Recht zur Anwendung seiner Waffe braucht dem Heere nicht erst besonders gegeben zu werden. Es liegt von vornherein, sozusagen von selbst, in der Eigenschaft des Heeres als Werkzeug der staatlichen Gewalt, in dem Wesen seines Berufes begründet. Wo immer das Heer seiner Bestimmung gemäß auftritt, macht es — äußerstenfalls — von der Waffe Gebrauch. Die Hauptbestimmung des Heeres liegt in der Verwendung im Kriege. Hier läßt der Staat auf Grund altüberkommener, in letzter Zeit erneuter und ergänzter internationaler Regeln gewisse Einschränkungen eintreten, deren Geltung übrigens keine unbedingte ist. Aber auch im Friedensverhältnis bleibt das Heer die letzte Grundlage des Staates, das äußerste Mittel der Staatsgewalt.

So ist es auch im Frieden ein Organ der staatlichen Gewalt, Träger und Schützer der staatlichen Ordnung. Diese Ordnung schafft und erhält es in erster Linie in seinem eigenen Bereiche, sei es innerdienstlich, sei es bei seinem Hervortreten an die Außenwelt, auf Grund des Militärhoheitsrechtes, wenn und soweit sich der Ausübung seiner dienstlichen Tätigkeit Hindernisse entgegenstellen (die allgemeinen Notwehr- und Notstandsrechte bestehen daneben). Aber auch darüber hinaus, also auch da, wo das Heer selbst nicht unmittelbar beteiligt ist, kann der Staat auf die Mitwirkung des Heeres zur Sicherung und zum Schutze der staatlichen Macht und des staatlichen Ansehens nicht verzichten. Schon das bloße Dasein des Heeres trägt und schützt bis zu einem gewissen Grade die bürgerlichen Gewalten, und gewährleistet so die Aufrechterhaltung der allgemeinen Ordnung und Sicherheit. Werden diese in ernstlicher Weise gestört, und erweisen sich die bürgerlichen Gewalten, namentlich die Polizeibehörden, — denen in erster Linie der Schutz der öffentlichen Ordnung, Ruhe und Sicherheit als Pflicht obliegt — dieser ihrer Aufgabe nicht gewachsen, so muß es früher oder später mit Notwendigkeit zum Eingreifen der militärischen Macht kommen. Dies Eingreifen kann derart stattfinden, daß die bewaffnete Macht sich auf die bloße Unterstützung der Zivilbehörde beschränkt. Diese Unterstützung kann denkbarerweise erfolgen entweder auf den Antrag der bürgerlichen Behörde, oder ohne diesen Antrag, in letzterem Fall möglicherweise sogar gegen den Willen der bürgerlichen Gewalt. Es kann aber auch das Eingreifen darin bestehen, daß die bewaffnete Macht die gesamte vollziehende Gewalt den bürgerlichen Behörden abnimmt. Kommt es zu dieser letzten und einschneidendsten Maßregel, so wird dies ein Zeichen äußerster Gefährdung des staatlichen Bestandes sein.

In diesen Gedankengang, der vom Staatsganzen und dessen Lebensbedingungen ausgeht, greifen aber Wünsche ein, die von der Einzelpersönlichkeit ihren Ausgangspunkt nehmen. Der Einzelne hat ein natürliches Interesse daran, die Zwangsgewalt des Staates gegen seine Person einzuschränken, oder wenigstens in feste Regeln zu bannen. Dem einzelnen ist auch die ihm vielfach näher stehende und an enge Schranken gebundene Gewalt der bürgerlichen Behörde meist lieber, als das Auftreten der militärischen Macht. So erklärt sich, daß von diesem Standpunkt aus darauf gedrängt wurde, die militärische Gewalt möglichst nur auf Ersuchen der bürgerlichen Behörde in Wirksamkeit treten zu lassen. Endlich erhob sich gerade vom Standpunkt des Einzelinteresses aus die Forderung, an die Stelle jederzeit aufhebbarer, nur innerdienstlich verpflichtender Dienstvorschriften über die Schranken des Waffengebrauchs und die Abgrenzung der Behördenzuständigkeit gesetzliche, Recht und Rechtswidrigkeit scharf abgrenzende Bestimmungen zu setzen.

Die geschichtliche Entwicklung in Preußen läßt den Einfluß dieser sich teilweise kreuzenden Erwägungen deutlich erkennen.

2. Geschichtliche Entwicklung.

a) Verordnung vom 30. Dezember 1798.

Die Kgl. Preußische, mit Gesetzeskraft bekleidete Zirkular-Verordnung vom 30. Dez. 1798 (abgedruckt Preuß. MilGesSamml. 1 28) handelt im ersten Abschnitt „von der Verhütung der Tumulte". Die Polizei soll, wenn sie bei „Tumulten und dergleichen Volksaufläufen" gegen den versammelten Haufen nichts ausrichten kann, bei der Militärwache und dem Garnisonältesten Hilfe suchen.

Der § 7 bestimmt:

„Die Militärbehörden sind durch eine besondere Instruktion angewiesen, wie sie sich bei solchen Vorfällen (d. h. bei Aufläufen) zu verhalten haben. Sie werden jedesmal der Polizei zur Unterdrückung entstehender Tumulte schleunigen und kräftigen Beistand leisten, allenfalls die Wachen verdoppeln, sie mit scharfen Patronen versehen, und wenn gelindere Mittel nicht wirksam sein sollten, Gewalt brauchen. Es ist auch verfügt, daß diejenigen, welche bei entstehendem Tumulte in der Gegend desselben auf den Straßen angetroffen werden, und nach der an sie ergehenden Warnung sich nicht sogleich ruhig hinwegbegeben, aufgegriffen, und zum Arrest gebracht werden sollen."

Den obrigkeitlichen Personen und Wachen, welche zur Stillung eines Tumults herbeieilen, muß nach § 10 ein jeder Folge leisten.

b) Die AKO. v. 17. Okt. 1820,

gerichtet an das Ministerium des Innern und der Polizei, sowie das Kriegsministerium (MilGesSamml. 1 161), betrifft „die Mitwirkung der Militärbehörden zur Herstellung der Ordnung, wenn die öffentliche Ruhe durch Exzesse gestört wird", und lautet im Abs. 2:

„Ich bestimme daher, daß, sobald die Polizei den Kommandanten oder sonstigen Militärbefehlshaber in der Garnison von einer Schlägerei, einem Volksauflaufe oder irgend einem andern, die öffentliche Ruhe bedrohenden Auftritte benachrichtiget, wie sie nach Meiner Kabinettsordre vom 29. Oktober v. Js. jedesmal sofort zu tun verpflichtet ist, die Militärbehörde auch sofort den Gang eines solchen Auftritts zu beobachten und die nötigen Vorbereitungen zu treffen, verpflichtet sein soll. Es bleibt jedoch in der Regel die Pflicht der Zivilbehörde, mit Hülfe der Gensdarmerie solche Unordnungen in ihrem Entstehen zu unterdrücken, und die Ruhe zu erhalten, und so lange steht auch ihr allein die Anordnung und Leitung der Maßregeln zu. Sie ist aber dafür verantwortlich, sich nicht länger darauf zu beschränken, als sie mit Wahrscheinlichkeit hoffen kann, den Zweck durch die ihr zu Gebote stehenden Kräfte zu erreichen. Sobald Gefahr drohet, daß diese nicht zureichen, ist sie verpflichtet, die Einwirkung des Militärs aufzurufen; damit soll aber auch die Anordnung und Leitung der Sache auf den Befehlshaber desselben allein übergehen, und die Zivil-Behörde verpflichtet sein, nur nach dessen Requisitionen einzuwirken, bis die Ruhe völlig hergestellt ist, wo die gewöhnliche Ordnung wieder eintritt. Findet indeß der Militärbefehlshaber, bei Beobachtung des Auftritts nach Pflicht und Gewissen, daß die Zivilbehörde mit der Requisition um Militärbeistand zu lange zögern, indem ihre Kräfte nicht mehr zureichen, die Ruhe herzustellen, so ist er befugt und verpflichtet, auch ohne Requisition der Zivilbehörde einzugreifen, und den Befehl, dem diese sich zu fügen hat, zu übernehmen. Beide Behörden müssen auf die Wahrnehmung des richtigen Moments zum Eintritt der resp. Wirkungskreise ein besonderes Augenmerk richten. Sobald die Störung der Ruhe in einem Angriff oder Widersetzlichkeit gegen Militärwachen und Patrouillen besteht, oder ausartet, ist der Militärbefehlshaber in jedem Falle sofort verpflichtet, die Herstellung der öffenlichen Ruhe zu übernehmen, und die Zivilbehörde schuldig, seinen Requisitionen zu diesem Zwecke zu genügen, bis Ruhe und Ordnung wieder hergestellt sind.

Ich beauftrage Sie, den Kommandos und Ober-Präsidien diese Bestimmungen mitzuteilen, damit sie die Militär- und Polizeibehörden in den Garnisonstädten danach instruieren.

An das Ministerium des Innern und der Polizei
und an das Kriegs-Ministerium."

Die Gültigkeit der AKO. von 1820 als „Gesetz" wird von Romen im „Tag" vom 21. und 22. Jan. 1914 eingehend untersucht und bejaht. „Die Kabinettsorder", so führt Romen aus, „stammt aus der Zeit des absoluten Königtums. In der absoluten Monarchie war der erklärte Wille des Königs unbedingt maßgebend. Stand dieser erklärte königliche Wille fest, und war er gerichtet auf Festsetzung einer Rechtsnorm, so besaß diese Norm Gesetzeskraft, sie war absolutes Gesetz und unbedingt verpflichtend für die Behörden wie für alle Untertanen. An die Mitwirkung irgendwelcher anderer Organe, insbesondere auch an die eines verantwortlichen Ministers war der König nicht gebunden, er war der alleinige Gesetzgeber. Auch bestand keine unbedingt wesentliche Form für den Erlaß und die Publikation der Gesetze; sie konnte auch nicht bestehen, weil dadurch eine Schranke für den königlichen Willen gesteckt worden wäre. Der absolute Wille des Königs konnte die betreffenden Formen jederzeit beliebig gestalten und ändern." So seien denn auch andere Königliche Verordnungen aus der Zeit des absoluten Königtums trotz nicht erfolgter förmlicher Veröffentlichung — in der Pr. Ges.Sammlung nach V. v. 27. Okt. 1910 (§ 10 Einl. z. Allg. Landr.) — als Gesetz anerkannt worden. Übrigens wird man die Gültigkeit auch auf die Verordnung vom 17. Aug. 1835 (s. S. 19, deren Einleitungsworte) stützen können, nötigenfalls — so Walter Jellinek, Zabern 1914, S. 14 — unter Zuhilfenahme des oben abgedruckten § 7 der Verordnung v. 30. Dez. 1798, der die jedesmalige „Instruktion" der Militärbehörden in seinem Inhalt aufnimmt. Über den Unterschied zwischen materiellem Gesetz und bloßer Dienstanweisung s. Jellinek, S. 10, 14.

Der Art. 36 PrVerfUrk. hat die Verordnung von 1820 nicht aufgehoben, da er mit den Worten: „In letzterer Beziehung hat das Gesetz die Ausnahmen zu bestimmen" nach der bei Jellinek S. 5—9 dargestellten Entstehungsgeschichte auch die bisherigen Gesetze (vgl. § 109 PrVerf.) umfassen will. A. M. Höpfner, S. 613.

„Eine solche Ausnahme liegt hier vor. Die Kabinettsorder von 1820 ist, wie dargetan, ein Gesetz und ist als solches niemals aufgehoben, auch durch die Verfassung nicht. Gesetze und Verordnungen bleiben so lange verbindlich, als sie nicht in gehöriger Form zurückgenommen sind. Dieser allgemein geltende Rechtsgrundsatz ist auch in Artikel 109 der Verfassung ausdrücklich ausgesprochen. Auch Artikel 106 der Verfassung, wonach „Gesetze und Verordnungen verbindlich sind, wenn sie in der vom Gesetze vorgeschriebenen Form bekannt gemacht worden sind, steht nicht entgegen. Auch die Verfassung hat, wie regelmäßig alle Gesetze, keine rückwirkende Kraft. Was vor der Verfassung auch ohne förmliche Bekanntmachung Gesetz war, wie die Kabinettsorder von 1820, blieb Gesetz, sofern es nicht ausdrücklich aufgehoben wurde." Romen a. a. O.

Das Bedenken von Höpfner S. 614, daß die AKO. keine „Ausnahme" begründe, erscheint nicht zutreffend. Vgl. den Zusatz: „Indem ihre (der Zivilbehörde) Kräfte bereits nicht mehr zureichen, die Ruhe herzustellen."

c) Verordnung vom 17. August 1835.

Die Allerh. Verordnung zur Aufrechterhaltung der öffentlichen Ordnung und der dem Gesetze schuldigen Achtung vom 17. Aug. 1835, in der PrGesSamml. S. 170 und in der MilGes.-Samml. 1 394 veröffentlicht, hat zweifellos materiellrechtliche Natur und Gesetzeskraft. Die Einleitung erklärt, die Vorschriften des ALR. „über die Verbrechen gegen die innere Ruhe und Sicherheit des Staats und alle in Beziehung hierauf ergangene spätere Bestimmungen — — — — in Erinnerung zu bringen, und deren genaue Befolgung den Einwohnern sämtlicher Provinzen unserer Monarchie und allen unsern Zivil- und Militärbehörden unnachsichtlich einzuschärfen." Hiermit wird also auch die unter b) genannte Verordnung, falls sie nicht schon an sich verbindlich gewesen wäre, für allgemein geltend erklärt und mit Gesetzeskraft bekleidet.

Die Verordnung stellt zunächst einige Strafdrohungen auf und bestimmt dann, ohne neue Voraussetzungen des Einschreitens aufzustellen, in näherer Ausführung und teilweiser Abänderung der V. v. 30. Dez. 1798 — s. oben S. 15 unter a) — folgendes:

§ 8. „Wenn bei einem Auflauf die bewaffnete Macht einschreitet, um den zusammengelaufenen Haufen auseinander zu treiben und die Ruhe wieder herzustellen, so befiehlt der die Mannschaft kommandierende Offizier oder Unteroffizier dem Haufen auseinanderzugehen, und erzwingt, wenn auf die zweite Wiederholung seinem Gebot oder dem durch Trommelschlag oder Trompetenschall gegebenen Zeichen nicht sofort genügt wird, durch Waffengebrauch den schuldigen Gehorsam."

§ 9. „Wird der bewaffneten Macht tätlicher Widerstand entgegengesetzt oder sogar ein Angriff auf dieselbe mit Waffen oder anderen gefährlichen Werkzeugen unternommen, wird mit Steinen oder anderen Gegenständen nach derselben geworfen, so ist die bewaffnete Macht auf Anordnung ihres Befehlshabers von der Schußwaffe Gebrauch zu machen befugt."

§ 10. „Der Tatbestand wird durch eine amtliche Darstellung des Befehlshabers festgestellt. Es hat derselbe darin über folgende Gegenstände Auskunft zu erteilen:

Über die Veranlassung seines Einschreitens, über den an den Haufen erlassenen Befehl, ob er ihn zu wiederholen genötigt gewesen und die Wirkung desselben, ob eine tätliche Widersetzlichkeit stattgefunden, worin sie bestanden, ob von seiten der Aufrührer ein Angriff mit Waffen oder Werkzeugen erfolgt ist, ob mit Steinen oder anderen Gegenständen geworfen worden, ob und welchen Gebrauch er von den Waffen, insbesondere von der Schußwaffe gemacht, und wie er den Auflauf gedämpft hat; endlich ob und was für Beschädigungen an Personen oder Sachen erfolgt sind.

Sind mehrere Befehlshaber in Tätigkeit gewesen, so geht die Darstellung von dem obersten von ihnen aus, die Berichte der übrigen werden beigelegt, insoweit dieselben der Zeit oder dem Ort nach selbständig gehandelt haben.

Die nähere Bezeichnung der Beschädigung an Personen und Sachen, soweit es nötig ist, erfolgt von der Polizeibehörde, wird dem Befehlshaber zugestellt und bildet einen Teil seiner Darstellung."

d) Gesetz über den Waffengebrauch vom 20. März 1837.

Grundlegend wurde das Gesetz über den Waffengebrauch des Militärs vom 20. März 1837 (GesS. S. 60, MilGesSamml. 2 62) Das Gesetz verweist in der Einleitung und am Schluß auf die schon bestehenden Vorschriften.

Wir Friedrich Wilhelm, von Gottes Gnaden, König von Preußen usw., haben uns bewogen gefunden, zur Verhütung von Mißverständnissen darüber, in welchen Fällen und in welchem Maße das Militär zur Aufrechterhaltung der öffentlichen Ordnung von seinen Waffen Gebrauch zu machen befugt und verpflichtet sei, und damit möglichen Unglücksfällen vorgebeugt werde, die bestehenden Vorschriften zu erneuern und zu vervollständigen. Demgemäß verordnen Wir hiermit auf den Antrag Unseres Staatsministeriums und nach erfordertem Gutachten Unseres Staatsrats, wie folgt:

Dienstleistungen, wobei der Waffengebrauch stattfindet.

§ 1. Das in unserem Dienste *zur Aufrechterhaltung der öffentlichen Ordnung, Ruhe und Sicherheit auftretende Militär* ist berechtigt, bei Patrouillen, Transporten und *allen anderen Kommandos*, auch wenn solche auf Requisition oder zum Beistande der Zivilbehörde gegeben werden, in den in nachstehenden §§ 2—6 bezeichneten Fällen von seinen Waffen Gebrauch zu machen.

Fälle des Waffengebrauchs. Gegen Angriffe und Widerstand durch Tätlichkeiten oder gefährliche Drohungen.

§ 2. Wird das kommandierte Militär bei einer der vorerwähnten Dienstleistungen *angegriffen* oder *mit einem* Angriff *gefährlich bedroht* oder findet es Widerstand durch *Tätlichkeit oder gefährliche Drohung*, so bedient sich dasselbe seiner Waffen, um den Angriff abzuwehren und den Widerstand zu brechen.

Wegen Ungehorsams bei Aufforderung zur Ablegung von Waffen und gefährlichen Werkzeugen.

§ 3. Wenn das Militär bei einer solchen Dienstleistung *zur Ablegung der Waffen* oder anderer zum Angriff oder zum Widerstand geeigneter oder sonst gefährlicher Werkzeuge auffordert und es wird dieser Aufforderung nicht sofort Folge geleistet, oder es werden die abgelegten Waffen oder Werkzeuge wieder aufgenommen, so macht das Militär von seinen Waffen Gebrauch, um den ihm schuldigen Gehorsam zu erzwingen.

Bei Arrestationen zur Verhinderung der Flucht bereits arretierter Personen.

§ 4. Wenn bei Arrestationen der bereits Verhaftete entspringt oder auch nur einen Versuch dazu macht, so bedient sich das Militär der Waffen, um die Flucht zu vereiteln.

Zur Verhinderung der Flucht vom Transport oder aus Gefängnissen.

§ 5. Hierzu ist dasselbe auch in allen Fällen befugt, wenn Gefangene, welche ihm zur Abführung oder Bewachung anvertraut sind, vom Transporte oder aus Gefängnissen zu entfliehen versuchen.

Zum Schutze der den Schildwachen anvertrauten Personen oder Sachen.

§ 6. Jede Schildwache — die Ehrenposten mit eingerechnet — hat sich zum Schutze der ihrer Bewachung anvertrauten Personen oder Sachen nötigenfalls der Waffen zu bedienen.

In welchem Maße der Waffengebrauch stattfindet.

§ 7. Das Militär hat von seinen Waffen nur insoweit Gebrauch zu machen, als es zur Erreichung der in den vorstehenden §§ 2—6 angegebenen Zwecke erforderlich ist. Der Gebrauch der Schußwaffe tritt nur dann ein, wenn entweder ein besonderer Befehl dazu erteilt worden ist oder wenn die anderen Waffen unzureichend erscheinen. Der Zeitpunkt, wenn der Waffengebrauch eintreten soll, und die Art und Weise seiner Anwendung muß von dem handelnden Militär jedesmal selbst erwogen werden.

Verhältnis des Militärs zu den Zivilbehörden, wenn es zum Beistand der letzteren kommandiert wird.

§ 8. Wird das Militär zum Beistande einer Zivilbehörde kommandiert, so hat nicht die letztere, sondern das Militär und dessen Befehlshaber zu beurteilen, ob und in welcher Art zur Anwendung der Waffen geschritten werden soll. Die Zivilbehörde aber muß in jedem Falle, in welchem sie die Hilfe des Militärs nachsucht, den Gegenstand und den Zweck, wozu sie verlangt wird, so bestimmt angeben, daß von seiten des Militärs die Anordnungen mit Zuverlässigkeit getroffen werden können.

Sorge für die Verletzten.

§ 9. Wenn jemand durch Anwendung der Waffen von Seiten des Militärs verletzt worden, so liegt dem letzteren ob, sobald es die Umstände irgend zulassen, die nächste Polizeibehörde davon zu benachrichtigen; die Polizeibehörde ihrerseits ist verpflichtet, die Sorge für die Verletzten zu übernehmen und die erforderlichen gerichtlichen Einleitungen zu veranlassen.

Gesetzliche Vermutung für das Militär.

§ 10. Daß beim Gebrauch der Waffen das Militär innerhalb der Schranken seiner Befugnisse gehandelt habe, wird vermutet, bis das Gegenteil erwiesen ist. Die Angaben derjenigen Personen, welche irgend einer Teilnahme an dem, was das Einschreiten der Militärgewalt herbeigeführt hat, schuldig oder verdächtig sind, geben für sich allein keinen zur Anwendung einer Strafe hinreichenden Beweis für den Mißbrauch der Waffengewalt.

Besondere Vorschriften hinsichtlich der Aufläufe und Tumulte.

§ 11. Bei Aufläufen und Tumulten kommt außer den Vorschriften dieses Gesetzes die Verordnung vom 17. August 1835 zur Anwendung.

Bei Vollziehung vorstehenden Gesetzes ist von des Königs Majestät bestimmt worden, daß in jedem vorkommenden Falle eines Arrestanten-Transportes in Begleitung des Militärs den Arrestanten vorher bekannt zu machen, daß das Militär angewiesen sei, von seinen Waffen Gebrauch zu machen, sobald sie zu entfliehen versuchen sollten. (MilGesS. **2** 63; Jur. Jahrb. **49** 530.)

Wegen Einführung in die neuen Provinzen s. V. v. 25. Juni 1867, Art. II G.

e) Preußische Verfassung von 1850 und Gesetz über den Belagerungszustand von 1851.

Die auf gesetzliche Begrenzung des Waffengebrauchsrechts gerichteten Strömungen finden ihren Ausdruck in Art. 36 der PrVerfUrk. vom 31. Jan. 1850. Art. 36 bestimmt:

„Die bewaffnete Macht kann zur Unterdrückung innerer Unruhen und zur Ausführung der Gesetze nur in den vom Gesetze bestimmten Fällen und Formen und auf Requisition der Zivilbehörde verwendet werden. In letzterer Beziehung hat das Gesetz die Ausnahmen zu bestimmen."

Unter „Gesetz" ist hier auch das frühere Gesetz verstanden (s. auch S. 18). Seit Erlaß der Verfassung sind weitere gesetzliche Bestimmungen nicht mehr ergangen. Nur Fälle ganz besonders dringender Gefahr für die öffentliche Sicherheit sind durch das in der zweiten Abteilung dieser Erläuterungen zu besprechende Gesetz über den Belagerungszustand, vom 4. Juni 1851 (GesS. S. 451, MilGesSamml. **5** 130) Bestimmungen getroffen.

f) Spätere Dienstanweisungen.

Im übrigen ist der Waffengebrauch des Militärs — abgesehen von den unter g) zu erörternden Fällen — nur durch Dienstanweisungen, die auf der Grundlage des bestehenden Gesetzes ergingen, geregelt worden. Vorbildlich für die späteren war die vom Kriegsministerium unterm 1. Mai 1851 herausgegebene Instruktion über den Waffengebrauch des Militärs und über die Mitwirkung desselben zur Unterdrückung innerer Unruhen (MilGesSamml. **5** 99). Sie wurde nach der Einleitung erlassen „um die kommandierenden Offiziere in den Stand zu setzen, von den bestehenden Bestimmungen — — sich ohne Zeitverlust genau zu unterrichten." Den Inhalt bilden namentlich Auszüge aus dem Gesetz von 1837, den Verordnungen von 1835 und 1820. Diese Dienstvorschrift wurde mehrfach ergänzt und neugedruckt, so unterm 4. Juli 1863, zuletzt unterm 23. März 1899.

Ein Aufsehen erregender Vorfall, das Vorgehen des Obersten des Infanterieregiments Nr. 99 in Zabern, Ende November 1913, der infolge fortgesetzter beleidigender Angriffe auf Militärpersonen und Störungen des militärischen Dienstes die Räumung des Zaberner Schloßplatzes und die Festnahme von Zivilpersonen durch das Militär anordnete, gab Veranlassung zur eingehenden Erörterung des Rechtszustandes. Die gemachten Erfahrungen liegen der nunmehr erschienenen neuen Dienstanweisung vom 19. März 1914 zugrunde.

Es zeigte sich, daß zu Bedenken und Zweifeln weniger die Voraussetzungen für den Waffengebrauch selbst Anlaß gaben, als vielmehr die Voraussetzungen für das militärische Einschreiten überhaupt. Damit wurde die Fragestellung verschoben. Früher wurde gefragt: Wann macht das Militär, wenn es einschreitet, von der Waffe Gebrauch? Jetzt lautete die Frage: Wann hat das Militär das Recht, überhaupt einzuschreiten?

Daraus ergab sich dann die früher zwar nicht völlig übersehene, aber doch nicht ganz klar zum Ausdruck gelangte Antwort: Das Militär schreitet in erster Linie ein im eigenen Tätigkeitskreis, zur Durchsetzung der ihm eigentümlichen Dienstzwecke und zum Schutze seiner Angehörigen, in diesem Umfange natürlich aus eigenem Recht, ohne etwa eine Aufforderung der Zivilbehörde abwarten zu müssen. Dieser Gesichtspunkt ist in der neuen Dienstvorschrift bestimmter als bisher ausgesprochen.

Aus dieser kräftigen Betonung des eigenen Tätigkeitskreises ergab sich von selbst, daß auf denjenigen Gebieten, welche das Militär nur mittelbar und erst in zweiter Linie berührten, den bürgerlichen Behörden möglichst weitgehender Spielraum belassen werden konnte. Dementsprechend hat die neue Vorschrift den Satz der Kabinettsorder von 1820, daß das Militär zum selbständigen Einschreiten, ohne Requisition der Zivilbehörde auch dann befugt sei,

„wenn bei Störung der öffentlichen Ruhe durch Exzesse der Militärbefehlshaber bei Beobachtung des Austritts nach Pflicht und Gewissen findet, daß die Zivilbehörde mit der Requisition um Militärbeistand zu lange zögert, indem ihre Kräfte nicht mehr zureichen, die Ruhe herzustellen"

nicht aufgenommen. Das Militär soll jetzt — in ordentlichen Friedenszeiten — bei derartigen Unruhen aus eigenem Antriebe erst dann einschreiten dürfen und müssen, wenn „in Fällen dringender Gefahr für die öffentliche Sicherheit, die bürgerliche Behörde infolge äußerer Umstände außerstande ist, die Anforderung zu erlassen", oder wenn der eigene Interessenkreis durch Störung der dienstlichen Tätigkeit oder Beeinträchtigung von Militärpersonen verletzt wird.

g) Befugnisse der militärischen Wachen.

Zur Wahrnehmung des militärischen Sicherheitsdienstes im Standort scheidet die Truppe besondere ständige, aber täglich frisch besetzte Körper, die Wachen, aus. Ihre Zweckbestimmung bringt es mit sich, daß sie auch gegenüber Zivilpersonen obrigkeitliche Stellung haben müssen. Den Wachen stehen andere vorübergehende Kommandos des militärischen Sicherheitsdienstes gleich, wie dies für das strafrechtliche Gebiet z. B. durch § 111 MStGB. anerkannt ist. Als Organe der öffentlichen Ordnung werden die Wachen schon im Reglement für die Infanterie von 1788, umgearbeitet auf Grund der AKO. vom 22. April 1817, bezeichnet (v. Helldorff Dienstvorschriften, 1856, S. 683).

Auch die in RMG. 7 182 mitgeteilte PrAKO. v. 31. März 1792 bestimmt:

„Jede Wache, Schildwache, Patrouille und detachierte Mannschaft ist als von Seiner Majestät selbst zum Dienste befehligt und im Auftrage des Königs denselben verrichtend anzusehen, alle Personen ohne Unterschied des Ranges und Standes sind daher denselben Achtung und Gehorsam schuldig."

Das für spätere Verordnungen vorbildlich gewordene Regulativ v. 16. März 1802, wegen Arretierung bürgerlicher Personen „in hiesigen Residenzen“ durch die Militärwachen (MilGesSamml. 1 37) gibt, unter Zusammenfassung des bisherigen Rechtszustandes, „zu jedermanns Nachricht und genauester Nachachtung“ eingehende Vorschriften über die Mitwirkung der Wachen im kleinen Sicherheitsdienst der Residenz. Einschreiten auf Anruf von Polizeibeamten und Privatpersonen, Unterdrückung von Schlägereien, Sorge für Beobachtung allgemeiner straßenpolizeilicher Vorschriften sind eingehend geregelt. Im § 5 findet sich die nennenswerte Stelle, die zeigt, daß auch das bürgerliche Publikum der Autorität der Wachen unterworfen ist.“

„Selbst unter dem Vorwande, daß eine Wache bei ihrer Dienstverrichtung überhaupt oder bei einer Arretierung insbesondere ihre Befugnisse überschritten habe, darf derselben kein Widerstand geleistet werden, da im möglichen Fall eines solchen Exzesses der Beleidigte in jedem Fall die ihm gebührende Genugtuung erhalten, die öffentliche Ruhe und Sicherheit aber nicht ohne unbedingten Gehorsam gegen die Wachen erhalten werden kann.“

Das Recht der Wachen zur Arretierung bürgerlicher Personen ist auch in der AKO. v. 29. Oktober 1819 (MilGesSamml. 1 161) vorausgesetzt.

Im Gesetz über den Waffengebrauch von 1837 sind die Wachen, Posten und Patrouillen im § 1, die Schildwachen auch im § 6 besonders erwähnt.

Eine eingehende Anweisung — nach dem Vorbild des Regulativs vom 16. März 1802 — gab sodann die AKO. v. 3. Febr. 1844, enthaltend die Instruktion für die Wachen, in Hinsicht der von ihnen vorzunehmenden Verhaftungen (MilGesSamml. 3 124).

Es erschien dann die Preuß. Verfassung vom 31. Januar 1850. Sie bestimmte im Artikel 5:

„Die Bedingungen und Formen, unter welchen eine Beschränkung der persönlichen Freiheit, insbesondere eine Verhaftung, zulässig ist, werden durch das Gesetz bestimmt.“

Hinsichtlich der Angehörigen des Heeres bestimmt indessen Art. 39, daß auf diese

„die Bestimmungen des Art. 5 nur insoweit Anwendung finden, als die militärischen Gesetze und Disziplinarvorschriften nicht entgegenstehen."

Zur Ausführung des Artikels 5 der Verfassung erging das Gesetz zum Schutze der persönlichen Freiheit vom 12. Febr. 1850 (GesS. S. 45, MilGesSamml. 4 131). Dieses Gesetz enthielt Grundregeln über den Zwangszugriff bei Strafverfolgungen — insoweit ist es durch die Prozeßgesetze des Reiches ersetzt — und bei Aufrechterhaltung der öffentlichen Ordnung. In beiden Beziehungen wurden, wenn auch mit gewissen Ausnahmen, die militärischen „Wachtmannschaften" den Polizeibehörden in den §§ 3 und 6 gleichgestellt. Auch jetzt noch von Bedeutung ist namentlich der § 6:

„Die im § 3 genannten Behörden, Beamten und Wachtmannschaften sind befugt, Personen in polizeiliche Verwahrung zu nehmen, wenn der eigene Schutz dieser Personen oder die Aufrechterhaltung der öffentlichen Sittlichkeit, Sicherheit und Ruhe diese Maßregel dringend erfordern. Die polizeilich in Verwahrung genommenen Personen müssen jedoch spätestens im Laufe des folgenden Tages in Freiheit gesetzt oder es muß in dieser Zeit das Erforderliche veranlaßt werden, um sie der zuständigen Behörde zu überweisen.

Vgl. dazu RG. in Straff. 15 356, Lindenau, DJZ. 1913 S. 1463, Jellinek, S. 17—22.

Eine dieser Rechtsgrundlage angepaßte neue Wachinstruktion wurde dann durch AKO. vom 8. August 1850 erlassen (MilGes.-Samml. 4 181). Der Erlaß der Strafprozeßordnung für das Deutsche Reich vom 1. Febr. 1877 führte zu der — wenig abweichenden — neuen Instruktion vom 29. Jan. 1881 (MilGesetze d. D. Reichs, 2, VI 275).

Diese Instruktion ist in die, aus dem obengenannten Reglement für die Infanterie von 1788 hervorgegangenen Garnison-Dienstvorschriften vom 9. Juni 1870 und vom 13. Sept. 1888 übernommen, von wo sie in die jetzt geltende Garn.Dienst-Vorschr. vom 15. März 1902 überging. Dort ist auch der Waffengebrauch der Wachen und Posten in Gemäßheit des geltenden Rechtszustandes und in wesentlicher Übereinstimmung mit der Vorschrift vom 19. März 1914 geregelt.

3. Rechtliche Natur der jetzigen Vorschrift über den Waffengebrauch. Aus der geschichtlichen Entwicklung ergibt sich, daß die neu erlassene Vorschrift nicht etwa bestimmt ist, den geltenden Rechtszustand zu verändern. Die Vorschrift will nicht neues Recht schaffen, sie ist vielmehr lediglich eine für den Dienstgebrauch bestimmte Zusammenstellung des bestehenden geltenden Rechtes; sie bildet gewissermaßen einen gedrängten Auszug aus den in Betracht kommenden Gesetzen. Sie will nur in Form einer Dienstvorschrift der Truppe und dem Soldaten ein klares und zweifelsfreies Bild des gesamten Rechtszustandes, einen festen Anhalt für ihr Verhalten, ihr Tun und Lassen im einzelnen Falle geben.

Die Vorschrift ist unter ministerieller Gegenzeichnung erlassen. Damit ist ihre Verbindlichkeit als Verwaltungsverordnung (Laband, Staatsr. d. D. R., 4. Aufl. 4 16) auch für die bürgerlichen Verwaltungsbehörden klargestellt. Der Truppe gegenüber ist sie Befehl in Dienstsachen. Daraus folgt zunächst, daß der den Befehl befolgende Soldat von strafrechtlicher Verantwortlichkeit nach § 47 MStGB. in jedem Falle frei ist. Daraus folgt ferner — unter Voraussetzung der nicht in Zweifel zu ziehenden Rechtmäßigkeit des Befehls — die dienstliche Verbindlichkeit für den Soldaten, also dessen Gehorsamspflicht, in zweiter Linie die Möglichkeit dienstlicher und bei einer den Erfordernissen des § 92 MStGB. genügenden Bestimmtheit der Einzelvorschrift auch strafrechtlicher Verantwortlichkeit für die Nichtbefolgung.

Die Rechtmäßigkeit des militärischen Einschreitens ist andererseits bedeutsam für die strafrechtliche Beurteilung des Verhaltens der vom Einschreiten betroffenen Personen im Falle eines ihrerseits geleisteten Widerstandes.

Die Aufgabe der nachfolgenden Erläuterungen ist wesentlich die, die Dienstvorschrift als solche zu erklären. Ein Zurückgreifen auf das zu grunde liegende materielle Recht ist aber schon deshalb geboten, weil, wie gesagt, die Verordnung eine Anwendung dieses Rechts darstellen will, daher auch nur in diesem größeren Zusammenhange zutreffend ausgelegt werden kann.

4. Geltungsgebiet.

a) Die neue Verordnung über den Waffengebrauch hat in ihrer Eigenschaft als Dienstvorschrift Verbindlichkeit für die Angehörigen des Preußischen Kontingents, gleichviel an welchem Orte sie sich befinden. Ihre Geltung ist also persönlicher, nicht territorialer Natur. Ihre Einführung im Sächsischen und Württembergischen Kontingent wird in Gemäßheit des Art. 63 Abs. 5 der Reichsverfassung erfolgen (vgl. Laband, Staatsrecht d. D. Reichs, 4. Aufl. 4 21, Arndt, Verfassung des Deutschen Reichs, Art. 63 Anm. 7), während das Bayerische Kontingent unberührt bleibt, da nach der Schlußbestimmung zum XI. Abschnitt der Reichsverfassung und III § 5 des Vertrages, betreffend den Beitritt Bayerns zur Verfassung des Deutschen Bundes v. 23. Nov. 1870 Art. 63 der Verfassung auf Bayern keine Anwendung findet (Laband, 4 23).

In Elsaß-Lothringen ist für einheitliches Vorgehen der dort befindlichen Truppen Sorge getragen (vgl. auch Instr., betr. die Ressortverhältnisse bei den Kommandobehörden und Truppen von Elsaß-Lothringen v. 10. April 1872, Ziff. 2, MilGes. d. D. R. 1 I 182). Über die Schutztruppe vgl. Arch. MilR. 4 317.

b) Das materielle Waffengebrauchsrecht gilt zunächst für das Preußische Kontingent, und daher nicht allein für Preußen, sondern für alle Bundesstaaten, die am Preußischen Kontingent beteiligt sind. Gemäß Art. 61 Abs. 1 der Reichsverfassung ist es auch für das Sächsische und Württembergische Kontingent zur Einführung gelangt (Arndt, Verfassung d. Deutsch. Reichs Art. 66 Anm. 4; van Calker, Recht des Militärs zum Waffengebrauch S. 5, 40; Laband, Staatsr.

d. D. Reiches, 4. Aufl. 4 12; für Sachsen s. V. v. 18. Mai 1872, für Württemberg vgl. Erlaß v. 27. Mai 1878 (Württ. MinVBl. S. 101). Nur Bayern behielt nach III § 5 des Bündnisvertrages v. 23. Nov. 1870 seine bisherige Militärgesetzgebung bei (Arndt a. a. O.; van Calker a. a. O.; Laband 4 13).

Für Elsaß-Lothringen sind die Preußischen Militärgesetze durch das Gesetz vom 23. Jan. 1872 (GesBl. f. Elf.-Lothr. S. 83) zur Einführung gebracht (Romen im „Tag" v. 22. Jan. 1914; Laband, DJZ. 1914 S. 188; Bedenken, ob nicht Einführung bloß vorgeschrieben sei, bei Jellinek S. 23). Für den Waffengebrauch gilt dort eine besondere, allgemein für Militär und Zivil verbindliche Verordnung vom 28. März 1872, betr. den „Waffengebrauch im Friedensdienste" (GesBl. S. 157). Sie stimmt mit dem Preußischen Gesetz vom 20. März 1837 überein. Nur dessen § 11, der auf die Verordnung vom 17. Aug. 1835 verweist, ist ersetzt durch eine als § 4 eingefügte Bestimmung:

„Wenn bei einem Auflauf die bewaffnete Macht einschreitet, um den zusammengelaufenen Haufen auseinanderzutreiben und die Ruhe wiederherzustellen, so befiehlt der die Mannschaft Kommandierende dem Haufen, auseinanderzugehen, und erzwingt, wenn auf die zweite Wiederholung seinem Gebot oder dem durch Trommelschlag oder Trompetenschall gegebenen Zeichen nicht sofort genügt wird, durch Waffengebrauch den schuldigen Gehorsam".

(Die Verordnung von 1835 nebst den in dieser angezogenen früheren Verordnungen ist also nicht ins Gesetz aufgenommen. Ebenso Jellinek, S. 24; vgl. Molitor, Der Zaberner Konflikt, „Tag" v. 25. Jan. 1914, Delius, S. 92, 134).

Ob die Bestimmung darüber, daß das Militär zur Unterdrückung innerer Unruhen aus eigenem Antriebe oder nur auf Ersuchen der bürgerlichen Behörde tätig zu werden hat, ein Militärgesetz oder allgemein staatsrechtliche, jedem Bundesstaat selbständig zustehende Anordnung sei, ist streitig. Vgl. Höpfner, S. 616.

Das Requisitionsrecht der Kontingentsherren beruht auf Art. 66 Abs. 2 der Reichsverfassung (auf Bayern nicht anwendbar):

„Auch steht ihnen das Recht zu, zu polizeilichen Zwecken nicht bloß ihre eigenen Truppen zu verwenden, sondern auch alle anderen Truppenteile des Reichsheeres, welche in ihren Ländergebieten disloziert sind, zu requirieren" (vgl. Laband, Staatsr. d. D. R., 4. Aufl. 4 66).

Der hier nach allgemeinen Regeln dargestellte Rechtszustand ist mehrfach durch die von Preußen mit den übrigen Bundesstaaten abgeschlossenen Militär-Konventionen verschoben. Diese enthalten zum Teil besondere Abmachungen über die Mitwirkung der Truppen bei inneren Unruhen. Vgl. auch Zusammenstellung III 7, Anm. 5.

1. Hessen. Konv. v. 13. Juni 1871, Art. 13:

„Wenn bei Störungen der öffentlichen Ruhe die Polizei den Beistand des Militärs in Anspruch nimmt, so ist dieser Requisition durch den betreffenden Befehlshaber Folge zu geben, und geht damit die Leitung der zur Herstellung der Ordnung zu ergreifenden Maßregeln auf Letzteren über. Selbständiges militärisches Einschreiten ohne vorherige Requisition der zuständigen Zivilbehörden ist nicht statthaft, womit jedoch die Zurückweisung von Angriffen oder Widersetzlichkeiten gegen Militärwachen oder Patrouillen nicht ausgeschlossen sein soll".

Abs. 3. „Die Fälle und Formen, in welchen das Militär gegen Zivilpersonen einschreiten und von seinen Waffen Gebrauch machen darf, werden durch eine, unter Berücksichtigung der betreffenden Preußischen Reglements, Hessischerseits zu erlassende Verordnung geregelt." Ergangen als Gesetz, den Waffengebrauch des Militärs und die Mitwirkung desselben zur Aufrechterhaltung der öffentlichen Ordnung betreffend, vom 27. Nov. 1872 (Großh. Hess. RegBl. 1872, S. 430).

2. Baden. Konv. v. 25. Nov. 1870.

Art. 5, wonach dem Großherzog „die freie Verfügung über die im Großherzogtum dislozierten Bundestruppen zu Zwecken des inneren Dienstes" zusteht. Art. 13 wie Hessen. Regelung erging als Landesherrl. Verordnung, den Waffengebrauch des Militärs und dessen Mitwirkung zur Erhaltung der öffentlichen Ruhe betreffend, vom 3. Febr. 1872 (Ges. u. VerordnBl. f. d. Großh. Baden, 1872, S. 81).

3. Oldenburg. Konv. v. 17. Juli 1867.

Art. 5. Wie Baden, Art. 5 (s. S. 32).

Art. 16. Wie Hessen, Art. 13 (s. S. 32).

4. Waldeck. Konv. v. 6. August 1867, 24. Nov. 1873.

Art. 4, wonach dem Fürsten „die freie Verfügung über die im Fürstentum dislozierten Bundestruppen zu Zwecken des inneren Dienstes“ zusteht.

Art. 4 Abs. 2: „Den Requisitionen der betreffenden Zivilbehörden zu polizeilichen Zwecken ist nach den darüber bestehenden Preußischen Vorschriften seitens des Garnisonbefehlshabers unweigerlich Folge zu geben.“

Nachtrag v. 24. Nov. 1877, Art. 7 Abs. 4. In Betreff der Truppenverwendung zu polizeilichen Zwecken auf Requisition der Zivilbehörden finden die bezüglichen Preußischen Vorschriften Anwendung.

5. Lübeck. Konv. v. 26. Juni 1867.

Art. 4. Freie Verfügung des Senats bei Verwendung des Bataillons für den inneren Dienst.

Art. 6. „Das Einschreiten des Militärs zum Zweck der Aufrechterhaltung der öffentlichen Ordnung und Sicherheit ist in der Regel bedingt durch vorläufige Requisition seitens der zuständigen Zivilbehörde, welcher Requisition unweigerlich Folge zu leisten ist. Die Fälle und Formen, in welchen das Militär gegen Zivilpersonen einschreiten und von seinen Waffen Gebrauch machen darf, werden durch eine unter Berücksichtigung der bezüglichen Preußischen Reglements vom Senate zu erlassende Verordnung geregelt.“ Regelung ist erfolgt durch V. über den Waffengebrauch des Militärs v. 18. Sept. 1867 (Sammlung der Lüb. Verordn. u. Bekanntmach. 1867, S. 326). Sie enthält die §§ 1—10 des Preuß. Ges. v. 20. März 1837, also nicht den Hinweis auf die V. v. 17. Aug. 1835.

6. Hamburg. Konv. v. 23. Juli 1867.

Art. 4, wonach dem Senate „die freie Verfügung in Betreff der Verwendung der im Hamburgischen Staate dislozierten Bundestruppen zum inneren Dienste vorbehalten" bleibt.

Art. 5 gestattet den Zivilbehörden direkte Requisitionen.

Art. 7 Abs. 1. „Das Einschreiten des Militärs zum Zwecke der Aufrechterhaltung der öffentlichen Ordnung und Sicherheit ist in der Regel durch die vorgängige Requisition seitens der zuständigen Zivilbehörde bedingt. Die Militärbehörden und alle Militärs haben den deshalb an sie ergehenden Requisitionen, sowie den Weisungen der Polizeibeamten Folge zu leisten."

Abs. 2 wie Lübeck, § 6 Abs. 2 (s. S. 33).

Regelung erfolgte durch Verordn. v. 2. Okt. 1867, betr. das Einschreiten des Militärs gegen Zivilpersonen (Hamb. Gesetzsamml. 1867, I 97).

7. Bremen. Konv. v. 27. Juni 1867.

§ 9. „Dem Senate bleiben alle Ehrenrechte und die freie Verfügung in Betreff der Verwendung der Garnison zum inneren Dienste vorbehalten."

§ 10. „Namentlich steht dem Senate das Recht zu, die im Bremischen Staate dislozierten Bundestruppen, sowohl in ihrer Gesamtheit als in einzelnen Abteilungen, zur Aufrechterhaltung der öffentlichen Ordnung und Sicherheit usw., zu verwenden."

§ 11. „Das Einschreiten des Militärs zu Sicherheitszwecken ist in der Regel durch die vorgängige Requisition seitens der zuständigen Zivilbehörde bedingt, und haben die Militärbehörden deshalb an sie ergehenden Requisitionen unweigerlich Folge zu leisten."

§ 12. Wie Lübeck, § 6 Abs. 2 (s. S. 33).

Regelung erfolgte durch Obrigkeitl. Verordn., das Einschreiten des Militärs gegen Zivilpersonen betreffend, vom 11. Dez. 1867 (Nr. XXXVIII).

§ 17, betr. Befugnis der Zivilbehörden zu direkten Requisitionen.

Die Militärkonventionen sind abgedruckt in MilGes. d. D. Reichs, 1 55ff.; s. auch Laband, Staatsr. d. D. R. 4. Aufl. 4 31, 32.

Der Inhalt der Konventionen und der auf ihrer Grundlage ergangenen Gesetze und Verordnungen wird auch neben der Vorschrift vom 19. März 1914 zu beachten sein.

5. Rechtsvergleichung.

a) Für Österreich-Ungarn vgl. über Waffengebrauch: Wilfling und Berger, ferner Kleemann, System des mil. Disziplinarstrafrechts, 1898, S. 96—98, Junk, Handb. d. mil. Disziplinarstrafrechts, 1914, S. 89, Dienstregl. I von 1904, Punkt 516, 517, 519, 520, 506—510, 512—515.

Über Festnahmen s. Dienstregl. I Punkt 324, 326, 329 Abs. 2, 330 Abs. 4, sowie Junk, Aus der disziplinaren und militärgerichtl. Praxis, S. 36—40: Recht des Offiziers zur Verhaftung von Zivilpersonen.

b) Für die übrigen Länder sind namentlich zu vergleichen: Wilfling a. a. O. und van Calker, Waffengebrauch S. 66 ff.

Bestimmungen der Vorschrift über den Waffengebrauch des Militärs

vom 19. März 1914, I, 1—4.

1. Dem zur Aufrechterhaltung der öffentlichen Ordnung, Ruhe und Sicherheit auftretenden Militär ist auf Wachen und Posten, bei Patrouillen, Transporten und allen anderen Kommandos der Gebrauch der Waffen aus eigenem Recht zu jeder Zeit gestattet:

a) wenn es bei einer dieser Dienstleistungen angegriffen oder mit einem Angriffe gefährlich bedroht wird, oder durch Tätlichkeit oder gefährliche Drohung Widerstand findet, — um den Angriff abzuwehren und den Widerstand zu überwältigen;

b) wenn das Militär bei einer solchen Dienstleistung zur Ablegung der Waffen oder anderer zum Angriff oder Widerstand geeigneter oder sonst gefährlicher Werkzeuge auffordert, und dieser Aufforderung nicht sofort Folge geleistet wird, oder die abgelegten Waffen oder Werkzeuge wieder aufgenommen werden — um den ihm schuldigen Gehorsam zu erzwingen;

c) wenn bei förmlichen Verhaftungen sowie bei vorläufigen Ergreifungen und Festnahmen der bereits Verhaftete*) oder ein dem Militär zur

---

*) Was in dieser Vorschrift von den Verhafteten gesagt ist, gilt auch von den vorläufig ergriffenen und festgenommenen Personen.

Abführung oder Bewachung anvertrauter Gefangener entspringt oder auch nur einen Versuch dazu macht.

(Als verhaftet gilt erst dann eine Person, wenn derselben unter Handauflegen oder Berühren mit der Waffe ausdrücklich eröffnet ist, daß sie verhaftet sei. Der bloße Haltzuruf oder der Zuruf: „Sie sind arretiert oder verhaftet" und dergleichen genügt nicht. Auch ist dem Verhafteten sofort zu erklären, daß bei Fluchtversuch von der Waffe Gebrauch gemacht werden würde).

d) zum Schutze der seiner Bewachung anvertrauten Personen oder Sachen.

In den vorstehenden vier Fällen ist der Waffengebrauch weder von einer Anforderung der Zivilbehörde abhängig, noch ist erforderlich, daß dem Gebrauch der Waffen eine Androhung desselben vorangehen muß. Selbst einzelne Posten können in diesen Fällen zum Waffengebrauch schreiten.

Das Militär hat von seinen Waffen nur insoweit Gebrauch zu machen, als es zur Erreichung der vorstehend angegebenen Zwecke erforderlich ist. Der Gebrauch der Schußwaffe tritt nur dann ein, wenn entweder ein besonderer Befehl dazu erteilt worden ist, oder wenn die anderen Waffen unzureichend erscheinen. Der Zeitpunkt, wann der Waffengebrauch eintreten soll, und die Art und Weise seiner Anwendung muß von dem handelnden Militär jedesmal selbst unter Berücksichtigung der vorliegenden Verhältnisse erwogen werden.

Niemals kann der Soldat eine Entschuldigung für die Nichterfüllung seiner Pflicht finden, wenn er nicht in den oben bezeichneten Fällen zur Erreichung der dort angegebenen Zwecke den gesetzlich bestimmten Gebrauch von seinen Waffen rechtzeitig und vollständig gemacht hat.

2. Das Militär ist ferner zum Waffengebrauch befugt und verpflichtet, soweit er erforderlich ist zur Beseitigung einer Störung seiner dienstlichen Tätigkeit, oder um einen Angriff auf Militär oder militärisches Eigentum abzuwehren.

3. Ferner steht jeder Militärperson die Ausübung der Notwehr zu.

Notwehr ist diejenige Verteidigung, die erforderlich ist, um einen gegenwärtigen, rechtswidrigen Angriff von sich oder einem anderen abzuwenden, ohne Unterschied, ob der gegenwärtige rechtswidrige Angriff sich gegen Leib, Leben, Ehre oder Eigentum richtet.

Die Notwehr darf das gebotene Maß der Verteidigung nicht überschreiten und nicht in Vergeltung ausarten; jedoch ist bei Ausübung der Notwehr erforderlichenfalls der Gebrauch der Waffe gestattet.

Eine Militärperson soll unter dem Vorwand der Ausübung von Notwehr nicht die Rolle der Polizei übernehmen.

4. Wird jemand bei Verübung eines Verbrechens oder Vergehens auf frischer Tat betroffen oder verfolgt, so ist, wenn er der Flucht verdächtig ist oder seine Persönlichkeit nicht sofort festgestellt werden kann, jede Militärperson befugt, ihn auch ohne richterlichen Befehl vorläufig festzunehmen.

Hierbei ist der Soldat zum Gebrauch der Waffe berechtigt, soweit dies zur Überwindung eines etwaigen Widerstandes erforderlich ist. Abweichend von 1 ist der Waffengebrauch nicht zulässig, wenn der Festgenommene entsprungen ist.

Der Festgenommene ist unverzüglich der nächsten Polizeibehörde vorzuführen.

Über die Befugnis der zum Wachtdienst kommandierten Offiziere und Mannschaften zur Festnahme s. Garnisondienst-Vorschrift 118—133.

I. Waffengebrauch des Militärs aus eigenem Recht.

Vorbemerkung. Ziff. 1—3 behandeln den Waffengebrauch, und zwar: Ziff. 1: Auftreten auf besonderen Kommandos, Ziff. 2: Die Durchsetzung des Dienstzwecks, Ziff. 3: Die Notwehr; Ziff. 4 behandelt — nur mittelbar unter die Überschrift fallend — die Festnahme. Angehängt sind Ziff. 5: Sonstige Zwangsrechte, und Ziff. 6: Gendarmerie.

Militärpolizeiliches Auftreten.

Auftreten auf besonderen Kommandos.

1. Dem zur Aufrechterhaltung der öffentlichen Ordnung, Ruhe und Sicherheit auftretenden Militär ist auf Wachen und Posten, bei Patrouillen, Transporten und allen anderen Kommandos der Gebrauch der Waffen aus eigenem Recht zu jeder Zeit gestattet:

1. Zur Entstehungsgeschichte. Es wird ein für allemal auf die in der Vorbemerkung dargestellte Rechtsentwicklung hingewiesen. Die gesamte Vorschrift I Z. 1 ist dem Gesetze vom 20. März 1837 (s. S. 20ff. Vorbem. 2d entnommen. Die oben angeführten einleitenden Worte entsprechen dem § 1 des Gesetzes. An Stelle „aus eigenem Recht", stehen dort die Worte: „auch wenn solche (Kommandos) auf Requisition oder zum Beistande einer Zivilbehörde gegeben werden".

2. „Militär". Im Unterschiede zu den in I Z. 3 genannten „Militärpersonen" ist hier unter „Militär" die organisierte Truppe als solche verstanden, also in erster Linie die mit der Betätigung der staatlichen Militärhoheit betrauten Kommandostellen, in zweiter die auf Grund erfolgter Kommandierung den

Dienst ausübenden Personen des Soldatenstandes, mögen sie nun in geschlossener Form unter dem Befehle eines Vorgesetzten oder, z. B. als Posten, allein tätig werden.

Über die Gendarmerie s. unten S. 89 ff. I Z. 6.

3. „Aus eigenem Recht". Die bereits in der Überschrift des Abschnitts sich findende Bezeichnung „aus eigenem Recht" stellt den Waffengebrauch auf Grund des ersten Abschnitts in Gegensatz zu dem auf Grund des zweiten Abschnitts erfolgenden Waffengebrauch, der auf Anrufen („Anforderung") oder in — angenommener — Vertretung der in erster Linie zum Einschreiten berufenen bürgerlichen Behörde vorgenommen wird. Indessen ist zu beachten, daß der Abschnitt II, der seine Sonderstellung dem Art. 36 der Preuß. Verfassung (s. S. 24 Vorbem. 2 e) verdankt, im Grunde nur einen Einzelfall des Abschnitts I Z. 1 darstellt. Die Folge ist, daß auch während des Vorgehens auf Grund des zweiten Abschnitts die Waffe gebraucht werden kann, sobald die Voraussetzungen der Ziff. 1—3 des ersten Abschnitts zutreffen. Dies ist in II Z. 5 und 6 ausdrücklich anerkannt, ergibt sich auch aus der obenerwähnten Fassung des Gesetzes von 1837.

4. „Auftreten zur Aufrechterhaltung der öffentlichen Ordnung, Ruhe und Sicherheit" ist die einzige allgemeine Voraussetzung des Waffengebrauchs nach Abschnitt I Z. 1, zu der dann nur noch je eine der späterhin zu erwähnenden vier besonderen Voraussetzungen a) bis d) der Ziff. 1 hinzuzukommen braucht. Die angehängten Worte „auf Wachen und Posten, bei Patrouillen und allen anderen Kommandos" erklären und verdeutlichen nur dieses Auftreten, und zeigen, daß es sich um eine aus dem Rahmen des gewöhnlichen Dienstes herausfallende besondere Berufsausübung handelt. (Vgl. Romen und Rissom, MStGB., § 141 Anm. 1 b.)

5. Voraussetzungen des Auftretens. Das Gesetz von 1837 knüpft die Berechtigung zum Waffengebrauch einfach an die Tatsache des Auftretens zum Zwecke der „Aufrechthaltung der öffentlichen Ordnung, Ruhe und Sicherheit". Hieraus folgt, wie Laband, DJZ. 1914 S. 189, mit Recht bemerkt, daß

das Militär die selbständige Aufgabe hat, die öffentliche Ordnung, Ruhe und Sicherheit aufrechtzuerhalten und zu diesem Zweck „aufzutreten". Das Militär dient nicht nur zur Verteidigung gegen auswärtige Feinde, sondern auch zur Aufrechterhaltung des Landfriedens und der Staatsordnung und Staatsgewalt. Dies wird im § 1 als zweifellos vorausgesetzt und an die Spitze des Gesetzes gestellt.

Erst nach dem Erlaß des Gesetzes von 1837 hat die Preußische Verfassung von 1850, Art. 36, die Mitwirkung zur Unterdrückung innerer Unruhen und zur Ausführung der Gesetze für die Regel von einer Anforderung der Polizeigewalt, der ja gleichfalls die Aufrechterhaltung der öffentlichen Ordnung, Ruhe und Sicherheit obliegt, abhängig gemacht. Das Gesetz von 1837 hatte noch kein besonderes Interesse an einer näheren Regelung der Voraussetzungen des Einschreitens — die sich übrigens aus der Gewohnheit und aus früheren, Gesetzeskraft besitzenden Bestimmungen ergaben. Infolgedessen ordnete es den Waffengebrauch, sofern nur ein besonderes Kommando zum Wach- und Sicherheitsdienst vorlag, allgemein, also — wie das Gesetz auch selbst ausdrücklich bemerkt — gleichviel, ob das Auftreten aus eigenem Antriebe oder auf Ersuchen der bürgerlichen Behörde stattfindet. Hieraus ergibt sich, daß I Z. 1 auch in den Fällen des Abschnitts II Anwendung findet, wie das unter II Z. 4 und 6 auch ausdrücklich bemerkt ist. Insoweit, d. h. was den Waffengebrauch anlangt, fügt Abschnitt II der Ziff. 1 I nur einen fünften Fall, nämlich Zerstreuung eines Auflaufs, hinzu, der entweder allein für sich steht oder mit Fällen von I Z. 1 zusammentrifft.

Soweit nun dieser fünfte Fall nicht gegeben ist und auch sonst ein Ersuchen der Zivilbehörde, z. B. um Transport oder Bewachung von Gefangenen oder Bewachung öffentlicher Gebäude, nicht vorliegt, handelt es sich im wesentlichen um Auftreten des Militärs im eigenen Interesse, welches aber die öffentliche Ordnung berührt. Dieses Auftreten im eigenen Interesse ist aber durch Art. 36 der Pr. Verf. überhaupt nicht getroffen. Näheres bei I Z. 2. Zu den Ausführungen von Laband, DJZ. 1914,

S. 189 vgl. noch Molitor im „Tag" vom 25. Jan. 1914 und Höpfner, S. 610 und 615.

6. Es muß sich, wenn Z. **1** Platz greifen soll, um ein Auftreten des Militärs zur Aufrechterhaltung der öffentlichen Ruhe usw. „auf Wachen und Posten, bei Patrouillen Transporten und allen anderen Kommandos" handeln.

a) Die Wachen sind diejenigen Organe des militärischen Körpers, welche in steter Bereitschaft gehalten werden, um für die Sicherheit des Militärs oder militärischen Eigentums zu sorgen. „Wache ist die Gesamtheit der zum Sicherheitsdienst zuständigerweise kommandierten Personen des Soldatenstandes". Jellinek, „Zabern" S. 19. Posten und Patrouillen gehen von der Wache aus. Zu dem Begriff „Posten" heißt es in Z. 89 GDV.: „Als Posten sind nur die Mannschaften anzusehen, die im Garnison-Wachtanzuge mit der Verpflichtung, die Waffe nicht aus der Hand zu legen, auf einen begrenzten Raum angewiesen sind." RMG. **17** 108, ArchMilR. **5** 64. Über die Patrouillen bestimmt Ziff. 77 GDV.: Sie haben den Zweck, die Aufmerksamkeit der Posten zu prüfen, und die militärische Polizei auf den Straßen nach besonderer Vorschrift des Gouverneurs usw. zu handhaben." Über Wirtshauspatrouillen s. Ziff. 115—117 GDV.

Die öffentliche Ordnung in der Garnison greift auch in den militärischen Interessenkreis ein, und ist insoweit von den militärischen Wachen nach Maßgabe der ihnen erteilten allgemeinen und besonderen Dienstvorschriften aufrecht zu erhalten. Näheres unter II Z. **1**.

Zusammensetzung und Dienst der Wachen sind durch die Garnisondienstvorschrift vom 15. März 1902 geregelt.

Verstärkung der Wache aus besonderen Gründen ist möglich. Wird ein Zug oder eine Kompagnie zur Verstärkung der Wache in Bereitschaft gehalten, so ist diese Abteilung Wache. Wird die ganze Garnison zum Zwecke des Wacht- und Sicherheitsdienstes alarmiert, so ist die Truppe Wache, Sicherheitskommando.

b) Außer dem eigentlichen Wachtdienst können noch besondere Kommandos im militärischen Sicherheitsdienst gestellt werden. Die Vorschrift nennt besonders die Transporte. Dahin gehören die Begleitkommandos bei Überführung von Gefangenen, ausgehobenen Rekruten, zur Reserve Entlassenen. Ferner sind zu nennen die Abordnungen zur Sicherung des Dienstes gegen den Andrang der Zivilbevölkerung bei Manövern, Paraden, Festlichkeiten, militärischen Empfängen und dergl.

Der gewöhnliche Dienst der Truppe, z. B. der Rückmarsch von einer Felddienstübung oder vom Exerzierplatz, stellt, wie bereits Anm. 4 (S. 41) bemerkt, kein Kommando dar. Indessen kann durch Befehl des Führers jederzeit ein Kommando ausgesondert werden, z. B. durch Befehligung eines Unteroffiziers mit zwei Mann zur Festnahme und Einlieferung einer Zivilperson, die gegen die Truppe eine strafbare Handlung begeht.

Die militärischen Wachen in diesem erweiterten Sinn genießen nach § 111 MStGB. erhöhten Rechtsschutz, tragen aber auch nach § 125 das. größere Verantwortung und unterliegen unter Umständen schwererer Bestrafung. Der § 111 Abs. 2 bezeichnet als militärische Wachen im Sinne des Strafgesetzes „alle zum Wacht- und militärischen Sicherheitsdienste befehligten Personen des Soldatenstandes, mit Einschluß der Feldgendarmen und des Personals der Stabswache der Marine (seit 1881 aufgelöst), welche in Ausübung dieses Dienstes begriffen und als solche äußerlich erkennbar sind". Das letztere Merkmal ist nach der Waffengebr.B. nicht unumgänglich erforderlich. Der Anzug beim dienstlichen Waffengebrauch ist der Dienstanzug der bewaffneten Macht, von dem der sog. Wachanzug nur eine besondere Anwendung ist. Vgl. Delius, S. 135 fg.

7. Gebrauch der Waffen, d. h. der Dienstwaffen — vgl. Romen und Rissom, MStGB. §§ 55 Anm. 3 a, 148 Anm. 2 a, 149 Anm. 4 — ist beim dienstlichen Waffengebrauch die Verwendung der militärischen Waffe gemäß ihrer Bestimmung, wie sie durch deren Form und Zweck gegeben ist. Vgl. Romen und Rissom, MStGB. § 14 Anm. 5. Vorbereitungsmaßregeln,

wie Laden, Aufpflanzen des Seitengewehres, sind noch kein Waffengebrauch, auch das Vorrücken mit dem aufgepflanzten Seitengewehr über einen Platz nicht unter allen Umständen.

Die Anwendung der Waffe in milderer Art, z. B. des Säbels zum Flachschlagen, des Gewehres zum Stoßen mit dem Kolben, ist auch noch Waffengebrauch im Sinne der Vorschrift (nicht im Sinne des § 149 MStGB.), aber bei dienstlichem Einschreiten niemals Pflicht, regelmäßig auch unangemessen.

Soweit der Waffengebrauch gestattet ist, sind grundsätzlich auch alle gelinderen Mittel, z. B. Festnahme, Überwältigung durch Körperkraft, zugelassen.

8. Gestattet ist der Waffengebrauch, also Recht. Regelmäßig ist er zugleich Pflicht. S. Abs. 4.

9. Gegner können sowohl Militär- wie Zivilpersonen sein.

10. Irrtum hinsichtlich der tatsächlichen Voraussetzungen des Einschreitens schließt die Rechtmäßigkeit des Einschreitens nicht aus. Irrtum als Schuldausschließungsgrund vgl. I 3a Anm. 4.

11. Für seepolizeilichen Waffengebrauch wird regelmäßig nur die Marine in Frage kommen. Näheres bei Reinhardt, Der Waffengebrauch usw. 1910, S. 42—44, 61—64.

Überwindung von Angriff und Widerstand.

1 a) wenn es bei einer dieser Dienstleistungen angegriffen oder mit einem Angriffe gefährlich bedroht wird, oder durch Tätlichkeit oder gefährliche Drohung Widerstand findet, — um den Angriff abzuwehren und den Widerstand zu überwältigen;

1. Zur Entstehungsgeschichte. Der Absatz stimmt inhaltlich überein mit § 2 des Waffengebrauchsges. von 1837 und Z. 134 Nr. 1 GDV. Ähnliche Ausdrucksweise im § 9 der Verordnung vom 17. Aug. 1835, im § 28 der Dienst.-Instr. f. d. Landgendarmerie v. 30. Dez. 1820 (unten I 6), und in § 1 des Preuß.

Ges. über den Waffengebr. der Forstbeamten vom 31. März 1837 (MilGesSamml. 2 64). Vgl. auch Wilfling, S. 165, 175.

2. a) Der Angriff muß gegen das Militär gerichtet sein. Nach Entstehung und Zusammenhang der Vorschrift kommt hier nur ein Angriff auf Leib oder Leben, nur ein tätlicher Angriff, in Betracht. Ein Angriff auf die Ehre durch Beleidigungen, deren Fortsetzung zu erwarten ist, genügt für die Anwendbarkeit der Ziff. 1 nicht. Anders nach I Z. 2. Vgl. dort Anm. 3. Vgl. auch wegen der Notwehr I Z. 3. Der Angriff muß ein gegenwärtiger sein, d. h. er muß bereits begonnen haben und darf noch nicht beendet sein. Läuft z. B. eine Person, nachdem sie einen Stein auf einen Posten geworfen hat, fort, so ist der Angriff bereits beendet. Es gelten also die Grundsätze, die sich im wesentlichen gleich zu § 53 RStGB. (Notwehr) ausgebildet haben. Vgl. auch II Z. 4, Abs. 3, II Z. 5, Abs. 2 und II Z. 6, Abs. 6.

Tätlicher Angriff auf das Militär ist auch das Werfen von Steinen auf die benutzten Dienstpferde und das Scheumachen derselben durch Geschrei. Vgl. ferner Delius, S. 112, 137.

b) Die gefährliche Bedrohung mit einem (tätlichen) Angriff ist dem Angriff gleichgestellt. Die Bedrohung muß eine gefährliche, also ernst zu nehmende und wirkliche Gefahr begründende sein. Der Angriff muß unmittelbar, nicht erst in späterer Zukunft, bevorstehen. Aufreißen des Pflasters durch die feindselige Volksmenge zum Zwecke des Gebrauches gehört hierher. Vgl. van Calker S. 30.

3. Widerstand ist die Bereitung eines Hindernisses für die Dienstleistung. Der Widerstand kann geleistet werden:

a) durch Tätlichkeit,

b) durch gefährliche Drohung.

a) Widerstand durch Tätlichkeit ist zunächst Widerstand durch einen tätlichen Angriff, der also den Zweck verfolgt, Widerstand gegen die Dienstübung zu leisten. Damit wäre also nur ein besonderer Fall des oben bereits erörterten Angriffs umschrieben. Dies erscheint aber als Absicht des Gesetzes ausgeschlossen. Es muß vielmehr angenommen werden, daß mit der Hinzufügung der Widerstandsbestimmung etwas Neues gesagt werden sollte, und daß „Tätlichkeit“ im Sinne des Gesetzes einen weiteren Begriff darstellt, als der „Angriff“. Diesen Begriff aber gewinnt man, wenn berücksichtigt wird, daß ein alteingewurzelter — nicht sehr empfehlenswerter — Sprachgebrauch als passiven Widerstand den bloßen Ungehorsam, das Verharren im Ruhezustand (oder das Fortlaufen) ansieht. Dieser passive Widerstand soll noch nicht zum Waffengebrauch berechtigen, sofern nicht die Fälle b und c der Vorschrift vorliegen. Wird aber der Widerstand durch die Tat (Tätlichkeit) geleistet, so ist Waffengebrauch zur Überwältigung des Widerstandes berechtigt.

Dieses Ergebnis, das schon durch den Wortlaut des Gesetzes nahe gelegt wird, entspricht auch einem dringenden Bedürfnis. Das Militär muß seinen Dienstzweck durchsetzen. Wird ihm Gewalt entgegengesetzt, so muß es diese überwinden, und zwar gleichfalls mit Gewalt, also nötigenfalls mit der Waffe, die eben das Mittel zur Anwendung der Gewalt ist. Eine Anwendung der Körperkraft unter Beiseitelassung der Waffe ist dem Militär grundsätzlich nicht zuzumuten. Keinesfalls darf, wenn andere Mittel versagen, die Anwendung der Waffe verboten sein. Es kommt hinzu, daß nicht selten eine kleine Abteilung, selbst ein einzelner Posten in die Lage kommt, den durch Gewalt geleisteten Widerstand überwinden zu müssen. Sie wäre einem z. B. sich am Treppengeländer oder an einer Laterne sich festhaltenden Mann gegenüber regelmäßig machtlos, wenn sie nicht mit der Waffe das Loslassen erzwingen könnte. Es wäre auch unlogisch, wenn das Gesetz in den Fällen b und c gegen bloßen Ungehorsam, also sogenanntem passiven Widerstand, den Waffengebrauch zuläßt, bei Widerstand durch Gewalt, der Mittelstufe zwischen Angriff und Ungehorsam, den Waffengebrauch verböte.

Die Ausdrucksweise der Gesetze jener Zeit stimmt hiermit überein. Sie findet sich im § 166 Tit. 20, Teil II des Allg. Landr. v. 5. Febr. 1794 (Strafrecht), und hatte hier die Bedeutung, den bloßen Ungehorsam von der Strafe der Widersetzung auszuschließen. Die Entwicklungsgeschichte des Preuß. StGB. vom 14. 4. 1851 läßt deutlich erkennen, daß dauernd diese beiden Fälle getrennt wurden, und daß zur tätlichen Widersetzung außer dem Angriff gerechnet wurden: „andere tätliche Widersetzlichkeiten, welche nicht unmittelbar gegen die Person der von der Obrigkeit Beauftragten verübt werden, durch welche der Täter aber der Ausführung des obrigkeitlichen Befehls entgegenzuwirken oder sie zu verhindern trachtet". Goltd. Mat. z. Pr. StGB. 2 116—121. Auch der § 28 der Dienst-Instr. f. d. Gendarmerie vom 30. Dezember 1820 spricht für die gleiche Auslegung. Entscheidungen bei Delius, S. 129.

In gleichem Sinne ist der Ausdruck gebraucht im Ges. vom 31. März 1837 über den Waffengebrauch der Jagd- und Forstbeamten (Pr. GesS. S. 65, MilGes. S. 2 64) und im Ges. vom 28. Juni 1834 betr. die Grenzaufsichtsbeamten.

Auf erhobene Zweifel äußerte sich das Preuß. JustMin. vom 12. März 1842 (JustMinBl. 1842 S. 109): „In Betreff der Frage, was unter tätlicher Widersetzlichkeit zu verstehen sei, müssen ebenfalls die Verhältnisse jedes einzelnen Falles erwogen werden. Im allgemeinen kann sich der Justizminister nach dem Wortbegriffe und nach der Tendenz des § 166 Tit. 20, Teil II des Allg. Landrechts, nur dahin aussprechen, daß jeder Widerstand, der nicht bloß Ungehorsam ist, sondern womit eine Tätlichkeit gegen den Abgeordneten der Obrigkeit verbunden wird, als tätliche Widersetzlichkeit anzusehen ist, ohne daß dabei gerade Gewalt an der Person verübt zu sein braucht."

Das Preuß. StGB. führte im § 89 den gleichbedeutenden Ausdruck Widerstand „durch Gewalt" ein. Der in den §§ 91, 96 das. gebrauchte Ausdruck „Gewalttätigkeiten" hatte wesentlich den gleichen Sinn (Oppenhoff Komm. zum Pr. StGB. § 91 Anm. 11). Im § 92 das. hat sich noch der alte Ausdruck „tätlicher Widerstand" erhalten.

Das RStGB. hat in §§ 113, 115, 117 (Widerstand durch Gewalt), 122, 124, 125 (Gewalttätigkeiten), 116 (tätlicher Widerstand) diese Ausdrucksweise einfach übernommen.

Das Pr. MStGB. spricht im § 128 von tätlichem Angriff auf den Vorgesetzten (unklar die Randbezeichnung), im § 126 von Tätlichkeiten im gleichen Sinne, im § 141 von Gewalttätigkeiten gegen den Vorgesetzten (wohl auch tätliche Widersetzung umfassend), im § 185 unterscheidend von tätlichem Angriff und tätlicher Widersetzung.

Das heutige MStGB. kennt im § 96 die Widersetzung als Hinderung oder Nötigung durch Gewalt, im § 97 den tätlichen Angriff (das tätliche Sichvergreifen), im § 107 die Gewalttätigkeit gegen den Vorgesetzten (den § 96 umfassend), in §§ 99, 100, 103, 106 die Tätlichkeit (auf § 97 beschränkt), im § 124 unterscheidend den tätlichen Angriff und die tätliche Widersetzung.

Diese weitere Auslegung ist auch die herrschende. S. Wilfling, S. 50 fg., Delius, S. 113. Die bisher bei Rissom, Notwehr S. 59, 63, Romen-Rissom, MStGB. §§ 107, Anm. 3 und 124, Anm. 5, vertretene gegenteilige Ansicht wird aufgegeben.

b) Tätliche Widersetzung ist also jeder Widerstand durch Gewalt im Sinne des § 113 RStGB., mithin nach der herrschenden Auslegung jede Kraftentfaltung, die sich derart gegen die Dienstleistung der bewaffneten Macht wendet, daß dieser die Dienstleistung unmöglich gemacht oder erheblich erschwert wird. „Es müssen körperliche Kraftäußerungen vorliegen, die direkt oder indirekt sich gegen eine gleiche Kraftäußerung des Beamten in einer Weise kehren, daß dadurch dessen Handlungsfreiheit und berechtigtes Vorgehen beschränkt oder aufgehoben wird." E. d. RG. v. 5. 2. 81, Rechtspr. d. RG. in Strff. Bd. 3 S. 12.

Dahin gehören z. B.: Gegenstemmen, Sichhinwerfen, Sichsteifmachen, um das Fortschaffen zu verhindern, Sichanklammern an den Boden, Sichfesthalten an unbeweglichen Gegenständen und an anderen Personen, Festhalten anderer, Zuhalten einer Tür, Festhalten oder Entreißen eines Gegenstandes, Einschließen der einschreitenden Personen, Versperren des Weges durch den eigenen Körper. Vgl. Romen-Rissom MStGB. § 96 Anm. 4.

Das bloße Bereiten sachlicher Hindernisse wird von der Rechtsprechung nicht für genügend erachtet, solange sich diese nicht wenigstens mittelbar gegen die Dienstleistung der bewaffneten Macht richten. So rechnet RG. v. 5. 2. 81, 11. 1. 83 (Rechtspr. d. RG. in Strafs. Bd. 5 S. 24) das Verschließen der Türe vor einem Beamten, der eine Vollstreckungshandlung vornehmen will, ohne eine gegen die Person des Beamten selbst unmittelbar oder mittelbar gerichtete Handlung des Täters, noch nicht als tätlichen Widerstand. (Es kann aber die Tür gewaltsam, auch z. B. durch Benutzung von Seitengewehren, erbrochen werden.)

Der Bau von Barrikaden kann u. U. tätliche Widersetzung sein. Jedenfalls stellt er eine gefährliche Drohung dar.

c) Widerstand durch gefährliche Drohung ist ein Widerstand durch ernstzunehmende Drohung mit Gewalt.

4. Der Zweck des Waffengebrauchs geht in erster Linie auf Abwehr des Angriffs oder Überwältigung des Widerstandes, mittelbar auch auf Erreichung des Zweckes des „Auftretens".

5. Strafandrohung. Zivilpersonen, welche Mannschaften der bewaffneten Macht in — rechtmäßiger, RMG. 14 194 — Ausübung des Dienstes tätlich angreifen, oder ihnen durch Gewalt oder Bedrohung mit Gewalt Widerstand leisten, sind nach § 113 RStGB. wegen Widerstands gegen die Staatsgewalt strafbar.

Verhütung von Angriff und Widerstand.

1 b) wenn das Militär bei einer solchen Dienstleistung zur Ablegung der Waffen oder anderer zum Angriff oder Widerstand geeigneter, oder sonst gefährlicher Werkzeuge auffordert, und dieser Aufforderung nicht sofort Folge geleistet wird, oder die abgelegten Waffen oder Werkzeuge wieder aufgenommen werden — um den ihm schuldigen Gehorsam zu erzwingen;

1. Zur Entstehungsgeschichte. Die Vorschrift gibt wörtlich die Bestimmung § 3 des Waffengebrauchsges. v. 1837 und deckt sich mit Ziff. 134 Nr. 2 GDV.

2. Die Verhütung des Angriffs und Widerstandes bildet im Grunde nur eine Erweiterung des vorigen Falles. Es soll bereits die im Tragen zum Angriff oder Widerstand dienlicher Werkzeuge liegende Gefährdung der Truppe — die erfolglose Aufforderung zum Ablegen vorausgesetzt — zum Waffengebrauch berechtigen. Vgl. auch Wilfling, S. 180 fg.

3. Zweck dieses Waffengebrauchs ist die Beseitigung der in dem drohenden Auftreten liegenden Gefahr, oder, was auf dasselbe hinauskommt, die Erzwingung des schuldigen Gehorsams.

Verhinderung von Flucht oder Fluchtversuch.

1 c) wenn bei förmlichen Verhaftungen sowie bei vorläufigen Ergreifungen und Festnahmen der bereits Verhaftete*) oder ein dem Militär zur Abführung oder Bewachung anvertrauter Gefangener entspringt oder auch nur einen Versuch dazu macht.

(Als verhaftet gilt erst dann eine Person, wenn derselben unter Handauflegen oder Berühren mit der Waffe ausdrücklich eröffnet ist, daß sie verhaftet sei. Der bloße Haltzuruf oder der Zuruf „Sie sind arretiert oder verhaftet" und dergleichen genügt nicht. Auch ist dem Verhafteten sofort zu erklären, daß bei Fluchtversuch von der Waffe Gebrauch gemacht werden würde.)

1. Zur Entstehungsgeschichte. Die Vorschrift gibt im ersten Absatz die §§ 4 und 5 des Gesetzes von 1837 wieder, die den Waffengebrauch bei Flucht oder Fluchtversuch bereits „arretierter" Personen (§ 4) oder von Gefangenen, die dem Militär zur Abführung oder Bewachung anvertraut sind (§ 5), regeln. Der zweite, eingeklammerte Abschnitt ist der Ziff. 122 GDV. ent-

*) Was in dieser Vorschrift von den Verhafteten gesagt ist, gilt auch von den vorläufig ergriffenen und festgenommenen Personen.

nommen, welche ihrerseits auf älteren Vorschriften, im letzten Satz auf einer bei Erlaß des Gesetzes von 1837 ergangenen Allerh. Bestimmung beruht. Vgl. auch Z. 134 GDV., Wilfling, S. 186 fg.

2. Als „Verhaftete" oder, was gleichbedeutend ist, als vorläufig Ergriffene und Festgenommene, kommen sowohl Zivil- wie Militärpersonen in Betracht. Vgl. Delius, S. 138 fg.

3. Die ausdrückliche Eröffnung der Verhaftung in Verbindung mit Handauflegen oder Berühren mit der Waffe ist nach dem Willen der Vorschrift — im Gesetz selbst fehlt die Bestimmung — Bedingung des Rechtes zum Waffengebrauch. (Vgl. Romen und Rissom, MStGB. § 144 Anm. 2.) Dies gilt indessen nicht für die Androhung des Waffengebrauchs. Näheres Romen und Rissom, MStGB. § 144 Anm. 2.

Bei Übergang Gefangener in eine andere Hand werden die Formen der Sicherheit wegen zweckmäßig wiederholt, da jeder an der Aufsicht Beteiligte für die Erfüllung der Formvorschriften verantwortlich ist. RMG. 6 185.

4. Zweck des Waffengebrauchs ist die Vereitelung des Fluchtversuchs. Natürlich kann auch ein Angriff oder Widerstand des Gefangenen zum Waffengebrauch berechtigen.

5. Die Möglichkeit der Verletzung Dritter darf den Waffengebrauch nicht hindern. Rissom, Notwehr, S. 60.

6. Vorsätzliches und fahrlässiges Entweichenlassen des Gefangenen ist nach § 121 RStGB. (§ 144 MStGB.), Befreiung eines Gefangenen nach §§ 113, 120 RStGB. (§§ 96, 97 MStGB.) strafbar. Über Selbstbefreiung s. § 79 MStGB.

Schutz anvertrauter Personen oder Sachen.

1 d) zum Schutze der seiner Bewachung anvertrauten Personen oder Sachen.

1. Zur Entstehungsgeschichte. Die Vorschrift stammt aus § 6 des Ges. von 1837, das aber — beispielsweise, ohne einschränkende Absicht — nur von Schildwachen, also Posten, spricht. Vgl. auch § 134 GDV.

2. Der Bewachung anvertraut sind u. a. nach § 132 GDV. die Festgenommenen, die infolge militärischer Hilfeleistung bei gemeiner Gefahr auf Grund der AKO. v. 6. Jan. 1899 (ABBl. S. 28) und sonst als hilflos in Verwahrung genommenen Personen, ferner die Gebäude, zu deren Bewachung nach § 2 GDV. die Wachen bestellt sind. Zum Schutze besonders gefährdeter Gebäude, z. B. Munitionslagerhäuser, werden regelmäßig örtliche die Einzelheiten regelnde, Vorschriften bestehen. Vgl. auch Ziff. 136, 137 GV. über Ausrüstung der Wachen mit Munition, Wilfling, S. 163, 183.

3. Zweck der Vorschrift ist der Schutz der Personen oder Sachen, also die Abwehr jedes Angriffs auf sie, mag er von Militär- oder von Zivilpersonen unternommen werden. Vgl. Delius, S. 142 fg.

4. Strafandrohung. Unterlassung des gebotenen Schutzes kann verantwortlich machen nach

a) § 141 Abs. 1 MStGB. „Wer als Befehlshaber einer militärischen Wache, eines Kommandos oder einer Abteilung, oder wer als Schildwache oder als Posten in schuldhafter Weise sich außerstand setzt, den ihm obliegenden Dienst zu versehen, oder eigenmächtig seinen Posten verläßt oder sonst den ihm in bezug auf jenen Dienst erteilten Vorschriften entgegenhandelt, wird mit mittlerem oder strengem Arrest nicht unter vierzehn Tagen, im Felde mit mittlerem oder strengem Arrest nicht unter drei Wochen oder mit Gefängnis oder Festungshaft bis zu zwei Jahren bestraft."

Wird durch die Pflichtverletzung ein Nachteil verursacht, so treten erheblich schwerere Strafen ein, im Felde auch bei Gefahr eines erheblichen Nachteils (§ 141 Abs. 2 und 3 MStGB.).

b) § 143 MStGB. „Wer als Befehlshaber einer militärischen Wache, eines Kommandos oder einer Abteilung, oder wer als Schildwache oder als Posten eine strafbare Handlung wissentlich begehen läßt, welche er verhindern konnte und zu verhindern dienstlich verpflichtet war, wird ebenso bestraft, als ob die Handlung von ihm selbst begangen wäre."

Keine Anforderung noch Androhung.

1 Abs. 2. In den vorstehenden vier Fällen ist der Waffengebrauch weder von einer Anforderung der Zivilbehörde abhängig, noch ist erforderlich, daß dem Gebrauch der Waffen eine Androhung desselben vorangehen muß. Selbst einzelne Posten können in diesen Fällen zum Waffengebrauch schreiten.

1. Keine Anforderung. In den aufgezählten Fällen macht das Militär aus eigenem Recht von der Waffe Gebrauch (I Z. 1 Abs. 1 Anm. 3 und 5), einerlei, ob ein Ersuchen der Zivilbehörde zum Einschreiten überhaupt voraufging oder nicht.

2. Androhung des Waffengebrauchs ist hier nicht, wie regelmäßig beim Auftreten nach Abschnitt II (s. unten II 6), erforderlich. Ob eine Warnung vor dem zum Waffengebrauch berechtigenden Verhalten des Gegners, oder in besonders leichten Fällen, z. B. Unerwachsenen gegenüber, auch noch während des gegnerischen Vorgehens Erfolg verspricht und mit dem Ansehen der militärischen Macht vereinbar ist, bleibt Sache des Ermessens im einzelnen Falle. Indessen ist Verhafteten nach I Z. 1 c sofort der Waffengebrauch bei Fluchtversuch anzudrohen.

3. Posten — s. I Z. 1 Anm. 6 a (einschließlich der sog. Ehrenposten) — vertreten auch als Einzelne die bewaffnete Macht. Sie werden, soweit ihnen nicht im voraus bestimmte Anweisungen gegeben sind, oft in die Lage kommen, nach eigenem Urteil zu handeln, ein Umstand, der bei der Belehrung des Soldaten über den Waffengebrauch besonders zu beachten ist.

Soweit mehrere Personen, z. B. Patrouillen, Kommandos unter einem Führer vereinigt sind, erfolgt grundsätzlich der Waffengebrauch erst auf dessen Befehl.

Grenzen des Waffengebrauchs.

1 Abs. 3. Das Militär hat von seinen Waffen nur insoweit Gebrauch zu machen, als es zur Erreichung der vorstehend angegebenen Zwecke erforderlich ist. Der Gebrauch der Schußwaffe tritt nur dann ein, wenn entweder ein besonderer Befehl dazu erteilt worden ist, oder wenn die anderen Waffen unzureichend erscheinen. Der Zeitpunkt, wann der Waffengebrauch eintreten soll, und die Art und Weise seiner Anwendung muß von dem handelnden Militär jedesmal selbst unter Berücksichtigung der vorliegenden Verhältnisse erwogen werden.

1. Zur Entstehungsgeschichte. Die Vorschrift gibt die Bestimmung des § 7 des Gesetzes von 1837 wieder.

2. Der Waffengebrauch selbst ist bei dem Vorliegen der in Ziff. 1 Abs. 1 der Vorschrift aufgeführten Voraussetzungen stets gerechtfertigt (und grundsätzlich auch geboten). Der Sinn obiger Vorschrift ist also keineswegs der, daß der Gebrauch der Waffen erst zulässig sei, wenn andere Mittel, z. B. Gebrauch vereinter Körperkraft, Benutzung stumpfer Werkzeuge, nicht zum Ziele führten. Gewiß ist die Anwendung solcher leichteren Mittel nicht verboten. Sie kann auch, z. B. Kindern und Frauen, leichteren Angriffen stark Betrunkener gegenüber, gelegentlich angemessen erscheinen. Aber eine Verpflichtung des Militärs, sich auf Ringkämpfe usw. einzulassen, besteht nicht. Regelmäßig werden auch der Ernst der Lage und die Rücksicht auf das Ansehen der Staatsgewalt verlangen, daß das vorhandene Recht des Waffengebrauchs entschlossen betätigt werde.

Der Zeitpunkt, wann hiernach der Waffengebrauch eintreten soll, muß vom handelnden Militär selbst erwogen, d. h. wohl erwogen werden, unter Berücksichtigung der vorliegenden Verhältnisse des Einzelfalles. Damit sind vorgängige allgemeine Verhaltungsmaßregeln der höheren Vorgesetzten und Befehle derselben während der Vorgänge selbst, etwa auf Grund telephonischer Meldungen, nicht ausgeschlossen, wenn sie auch durch den gerade hier Bedeutung gewinnenden Grundsatz der Selbstständigkeit der Unterführer auf ein gewisses Maß zurückgeführt werden.

3. **Kommt es zum Waffengebrauch, so werden Art und Maß** durch den zu erreichenden Zweck bestimmt.

a) **Art des Waffengebrauchs.** α) **Welche** von mehreren geführten Waffen zu gebrauchen sei, richtet sich nach dem jeweiligen Bedürfnisse, nach der Lage und den Umständen des einzelnen Falles. Der im Gebrauch milderen Waffe gebührt der Vorzug, **aber nur sofern auch mit ihr der Zweck zu erreichen ist.**

Dies ist für die **Schußwaffe** ausdrücklich angeordnet. Sie soll der blanken Waffe gegenüber erst in zweiter Linie zur Anwendung kommen. Eine Ausnahme gilt aber für den Fall, daß eine Stelle, welche der im Sicherheitsdienst auftretenden Person, oder bei Mehrzahl von Personen dem für das Einschreiten verantwortlichen Führer vorgesetzt ist, dem auftretenden Militär den Befehl mitgegeben hat, daß es, falls es einschreitet, sofort sich der Schußwaffe bedienen soll. (Der Führer selbst ist nicht gemeint!) Vgl. Delius, S. 124.

Gebrauch der Schußwaffe ist hier zweifellos Gebrauch zum **Schießen.**

Die Abgabe von **Schreckschüssen**, also absichtlich vorbei gehaltenen Schüssen, muß als mit dem Ansehen der militärischen Gewalt und dem mit dem Einschreiten verfolgten Zweck unverträglich grundsätzlich unterbleiben. Ein derartiges, meist auf mangelnder Energie oder falschem Gedankengang beruhendes Verhalten pflegt nur Mißachtung und Hohn zu erzeugen und für spätere Fälle die überhaupt schon verbreitete Meinung zu befestigen, das erste Mal werde noch nicht wirklich geschossen. Die Folge wäre meistens nur eine vermehrte Zahl der Opfer.

β) **Wie die einzelne**, hiernach gewählte Waffe zu gebrauchen ist, richtet sich nach der Natur der Waffe und den ihr Ausdruck gebenden Dienstvorschriften, m. a. W. der Soldat braucht die Waffe, wie er es gelernt hat. Vgl. 1 Abs. 1 Anm. 7.

Die Hiebwaffe wird also zum Scharfschlagen benutzt. Flachschlagen ist kein ordnungsmäßiger Gebrauch der Hiebwaffe. Es besteht also eine Pflicht zum Flachschlagen auch dann nicht, wenn der Zweck voraussichtlich oder sicher durch Flachschlagen erreicht werden könnte. Ausnahmsweiser Gebrauch der Hiebwaffe zum Flachschlagen ist nicht durchaus unzulässig, kann jedenfalls nicht ohne weiteres und unbedingt als unangemessen bezeichnet werden. Es kommt eben, wie schon betont, auf die Umstände des Falles an.

b) Das Maß des Waffengebrauchs wird begrenzt durch die Erreichung des Ziels, sowohl dem Umfange wie der Zeit nach. Bei aller Entschiedenheit des Vorgehens muß doch mit ruhiger Überlegung auf diese Grenze geachtet werden. Die bürgerlichen Behörden können dem Handelnden keine Vorschriften über das Maß machen, ebensowenig in der Regel die vorgesetzten — nicht anwesenden — Dienststellen. Geistesgegenwart und Selbstbeherrschung werden dem Soldaten im einzelnen Falle eingeben, in welcher Weise er von seiner Waffe Gebrauch macht. Vgl. dazu Delius, S. 94.

Waffengebrauch als Dienstpflicht.

1 Abs. 4. Niemals kann der Soldat eine Entschuldigung für die Nichterfüllung seiner Pflicht finden, wenn er nicht in den oben bezeichneten Fällen zur Erreichung der dort angegebenen Zwecke den gesetzlich bestimmten Gebrauch von seinen Waffen rechtzeitig und vollständig gemacht hat.

1. Der dienstliche Waffengebrauch ist nicht nur ein Recht, sondern regelmäßig auch Dienstpflicht, namentlich dann, wenn die Erreichung der im Abs. 1 a—d der Vorschrift bezeichneten Zwecke auf andere Weise nicht möglich war. Ein schuldhaftes Zögern sowohl im Waffengebrauch überhaupt, als auch in der Anwendung der Schußwaffe, ebenso ein schuldhaft zu frühzeitiges Aufhören

mit der Anwendung der Waffe machen verantwortlich, u. U. auch aus dem — oben bei 1 d — abgedruckten — § 141 MStGB. strafbar.

2. Auch hier gilt der in der Einleitung zur Felddienstordnung ausgesprochene Grundsatz, daß vor allem entschlossenes Handeln für die vorliegenden Zwecke zu erfordern ist, und daß Unterlassen und Versäumnis den Soldaten regelmäßig mehr belasten, als ein Fehlgreifen in der Wahl der Mittel. Endres, S. 75. Vgl. auch II Z. 10.

Durchsetzung des Dienstzwecks.

2. Das Militär ist ferner zum Waffengebrauch befugt und verpflichtet, soweit er erforderlich ist zur Beseitigung einer Störung seiner dienstlichen Tätigkeit, oder um einen Angriff auf Militär oder militärisches Eigentum abzuwehren.

1. Zur Entstehungsgeschichte. Die Bestimmung ist in die Vorschrift neu aufgenommen. Weder in den früheren Gesetzen noch auch in den bisherigen Dienstvorschriften ist eine solche oder ähnliche Bestimmung ausdrücklich ausgesprochen. Aber die Vorschrift schafft auch hier keineswegs neues Recht, gibt vielmehr auch hier lediglich das bestehende, wenn auch ungeschriebene Recht wieder. Sie ist ein Ausfluß des staatlichen Militärhoheitsrechtes. Man versteht unter der „Militärhoheit“ die ganze Staatsgewalt unter dem Gesichtspunkt ihrer Zuständigkeit für das Heerwesen. Vgl. Jellinek, Das Recht des modernen Staates, Bd. I, S. 583. Nach den vielfachen Beziehungen der Staatsgewalt zum Heere zerfällt die Militärhoheit in einzelne Rechte, kraft deren der Staat die physischen Kräfte seiner Angehörigen zu seinem Schutze gegen äußeren und inneren Angriff aufbietet und verwendet. (Vgl. von Hoffmann, Die Militärhoheit über das deutsche Landheer in geschichtlicher Entwicklung. Göttingen 1899, Dissert.) So Burhenne, Kontingents-

herrlichkeit, S. 18. Die aus dem staatlichen Militärhoheitsrechte sich ergebenden Einzelrechte des Militärs, mag dies truppenweise oder in der Einzelperson dienstlich auftreten, sind selbstredend in vollem Umfange bestehen geblieben und aufrecht erhalten.

„Die Übungen des Heeres zur Erzielung seiner Kriegstüchtigkeit sind Funktionen des Staatsdienstes in unmittelbarer Ausübung der Staats- (Militär-) Hoheit", so lautet es durchaus zutreffend in einer Entscheidung des Preuß. Oberverwaltungsgerichts (s. Anm. 2). Vgl. auch Rissom, Goltd. Arch. 56 168—183.

Der in der Darstellung der geschichtlichen Entwicklung (S. 25 Vorbem. 2 f. zur ersten Abteilung) erwähnte Fall Zabern gab Anlaß, über die auf Einzelfälle zugeschnittene Gesetzgebung hinaus auf die allgemeinen staatsrechtlichen Rechtssätze zurückzugreifen, welche der Betätigung staatlicher Gewalt die Grundlage geben. Das Ergebnis dieses Zurückgreifens war die Aufnahme der obigen Bestimmung, deren Rechtsbeständigkeit unanfechtbar ist. Eine grundlegende, bisher zu wenig beachtete Darstellung dieses Rechts bei Otto Mayer, Deutsches Verwaltungsrecht 1895 1 372—375. Bemerkenswert auch Reinhardt, Waffengebrauch, 1910, S. 53 und Anschütz, Preuß. Verfassung, 1912, S. 568.

2. Rechtsgrundlage der Vorschrift. In einem Aufsatz vom 15. Januar 1914 („Tag", Nr. 12) führt der Staatsrechtslehrer Professor Dr. Adolf Arndt aus:

„Neben allen in Gesetzen ausdrücklich vorgesehenen Fällen, und ganz abgesehen von der Kabinettsorder vom 17. Okt. 1820, die sich auf die Unterdrückung innerer Unruhen und die Ausführung der Gesetze bezieht, hat die Militärgewalt die unbestreitbare Befugnis, manu propria und manu militari, ohne und im Notfalle selbst gegen die Zivilbehörden alles zu tun, um die militärische Tätigkeit zu schützen — envers et contre tous."

„Die Militärgewalt steht in ihren militärischen Anordnungen unter keiner Zivilgewalt. Dies ist vom Reichsgericht wie Oberverwaltungsgericht anerkanntes und richtiges Recht (Entsch. d. RG. in Zivils. Bd. 2 S. 344, Bd. 77 S. 14; Entsch. d. OVG. Bd. 2 S. 399 u. a. m." Die Staatsverwaltung darf den Gerichten nicht untergeordnet, die Selbständigkeit der Verwaltung durch die Gerichte nicht aufgehoben werden.

„Wenn das Militär," so sagt Arndt weiter, „an der ruhigen Ausübung seiner Funktionen gehindert wird, kann es selbst das Hindernis entfernen. Es kann also auch einen abhalten, einer Militärperson stets vor den Füßen zu gehen, wenn er diese in ihrer Bewegungsfreiheit dadurch hindert. Es kann selbst Menschenansammlungen zerstreuen, wenn diese durch Schimpfen, Steinewerfen oder sonst die Militärpersonen an der ruhigen Ausübung des Dienstes oder auch nur an der Freiheit ihrer Person und der Integrität ihrer Ehre hindern."

„Nach der Gesetzgebung soll das Militär den Zivilbehörden helfen; es wäre eine verkehrte Welt, wenn das Militär sich nicht selbst helfen und erst die Hilfe des Zivils anrufen sollte. Doch mag immerhin zugegeben werden, alle obrigkeitlichen Befugnisse vor allem die militärischen, müssen mit größter Vorsicht und Mäßigung ausgeübt werden. Sie sind aber im Notfalle vorhanden."

Ebenso Romen, „Akte der Staatshoheit", im „Tag" v. 4. Jan. 1914.

Der Staatsrechtslehrer Professor Dr. Loening stellte einmal in einer verwaltungsrechtlichen Lehrstunde die Frage: „Was wäre an einer Polizeiverordnung falsch, die dahin lautete, daß jedermann der Truppe auszuweichen habe?" Hierauf gab es nur eine richtige Antwort: „Eine solche Polizeiverordnung wäre überflüssig, denn wenn jemand der Truppe nicht ausweicht, so hilft diese sich selbst!"

In gleichem Sinne auch Rissom, Notwehr und Waffengebrauch des Militärs, 1906, S. 46:

„Der Waffengebrauch fällt in den größeren Kreis des administrativen Zwanges überhaupt. Wie nun überhaupt für alle Behörden das Prinzip der Selbstdurchsetzung, des Verwaltungszwangsverfahrens, in umfassendem Maße gilt, so liegt es namentlich im Wesen der militärischen Macht als der stärksten im Staate — hiermit soll die Einheitlichkeit aller staatlichen Gewalt nicht in Abrede gestellt werden —, ihre Ansprüche nötigenfalls durch

Selbsthilfe im Wege des Zwanges, sei es mittels absoluter Gewalt oder durch psychologischen Zwang, zur Erfüllung zu bringen. Diese Befugnis besteht dem Heeresangehörigen gegenüber, für den das Unterordnungsverhältnis ein besonders festes ist. Wenn er auf Befehl nicht kommt, wird er eben geholt. Sie gilt auch gegenüber den übrigen Staatsangehörigen und Einwohnern."

Schon der einzelne Staatsbürger hat das Recht, einen gegen ihn geübten rechtswidrigen Angriff abzuwehren, ein Recht, das im § 53 RStGB., die Notwehr betreffend, genauer abgegrenzt wird. Auch dem Militär als solchem, das einen Angriff erleidet, ist das Recht der Notwehr nicht versagt. Näheres unter I 3. Aber sein Recht zur Abwehr ist noch unmittelbarer und ursprünglicher, als auf dem Umwege über den § 53 RStGB., in der Selbstbehauptung der staatlichen Gewalt gegeben.

Der Privatmann ist, wenn er in der Ausübung seiner Rechte auf Hindernisse stößt, meistens genötigt, die Hilfe von Behörden, Gerichten oder Polizei, in Anspruch zu nehmen. Das Militär aber, wenigstens dann, wenn es sich auf seinem eigensten Gebiete, dem des militärischen Dienstes, betätigt, muß in seiner Eigenschaft als Organ der staatlichen Gewalt sich selbst durchsetzen dürfen. Es kann die Polizei zum Einschreiten auffordern, wird dies auch regelmäßig tun, wenn es sich um Störungen durch Zivilpersonen handelt, und solange es ohne Schädigung oder Gefährdung dienstlicher Interessen geschehen kann. Es kann aber auch sich selbst den Weg frei machen, ohne und selbst gegen die Polizei.

Es ist dies wie schon erwähnt, und auch in einer halbamtlichen Veröffentlichung in der Norddeutschen Allgemeinen Zeitung (Nr. 84 v. 9. April 1914) ausgeführt ist, „die allgemein anerkannte Folge aus dem Militärhoheitsrecht, das die Befugnis der zwangsweisen Durchführung der militärischen Aufgaben und der Abwehr von Angriffen in sich schließt." (Dazu Hamm, DJZ. 1914, S. 126).

3. Zwei Fälle der Beeinträchtigung, die übrigens leicht ineinander übergehen, sind angeführt:

a) Störung der dienstlichen Tätigkeit.

α) Störung ist jede auf einen menschlichen Willen zurückführbare Hemmung oder Beeinträchtigung. Beispiele: Hindurchlaufen durch die marschierende Abteilung, Hineinfahren, Nichtausweichen, Zurufe, welche die Aufmerksamkeit der Abteilung ablenken.

β) Dienstliche Tätigkeit oder Dienst ist nach RMG. 7 188 jede Verrichtung einer Militärperson innerhalb ihrer Berufspflichten, die erfolgt auf Grund militärischer Vorschrift oder militärdienstlichen Grundsatzes, oder eines besonderen, auf solcher Vorschrift oder solchem Grundsatze beruhenden Befehls. Vgl. Romen-Rissom, MStGB. § 12 Anm. 3. Insofern ist die Bestimmung weiter als I Z. 1, wo Auftreten im Sicherheitsdienst vorausgesetzt ist.

b) Angriff auf Militär oder militärisches Eigentum. Vgl. dazu oben I Z. 1a und I Z. 1d.

Als „Angriff" ist hier auch ein Angriff auf die militärische Ehre durch beleidigende Äußerungen, insbesondere Beschimpfungen oder Beleidigungen anderer (symbolischer) Art, anzusehen. Insofern geht diese Bestimmung also weiter, als I Z. 1a, wo tätlicher Angriff verlangt wird.

4. Zweck des Einschreitens ist die Beseitigung der Störung oder die Abwehr des Angriffs. Störung und Angriff müssen also noch fortdauern. Akte der Vergeltung oder Rache werden durch die Verordnung nicht geschützt.

5. Der Waffengebrauch muß erforderlich sein, um die genannten Zwecke zu erreichen. Solange also geringere Mittel, wie Befehl, Fortführen, Festnahme, ausreichen, ist der Waffengebrauch nicht gestattet. Insoweit ist die Vorschrift enger, als I Z. 1, wo unter den dort aufgezählten vier besonderen Voraussetzungen der Waffengebrauch stets ohne weiteres zulässig ist.

Wird aber der Waffengebrauch erforderlich, so ist auch der Gebrauch in dienstlicher Form, also der Bestimmung der Waffe und den über die Anwendungsart getroffenen Dienstvorschriften entsprechend, gestattet und geboten. Näheres Z. 1 Abs. 3.

6. Verhältnis zu I Z. 1. Die Bestimmung I Z. 1 ist Unterfall von I Z. 2. Die dort vorgesehenen Fälle a—d fallen stets unter den Begriff der Störung der dienstlichen Tätigkeit, teilweise auch unter den des Angriffs auf Militär oder militärisches Eigentum. Die Unterschiede sind folgende:

a) Bei I Z. 1 ist eine besondere dienstliche Tätigkeit, Auftreten zur Aufrechterhaltung der öffentlichen Ordnung, Ruhe und Sicherheit auf Wachen und Posten, bei Patrouillen, Transporten und allen anderen Kommandos Voraussetzung für das Recht des Waffengebrauchs.

b) In diesem engeren Kreise sind aber die Befugnisse erweitert, und zwar insofern, als beim Vorliegen einer der vier besonderen Voraussetzungen a—d sofort zur Waffe gegriffen werden kann, auch dann, wenn andere Mittel an sich ausreichen würden. Sind diese besonderen Voraussetzungen nicht erfüllt, z. B. beim Angriff durch wörtliche Beleidigungen, so kann zur Waffe nur nach I Z. 2 gegriffen werden, wenn andere Mittel versagen oder von vornherein als nicht ausreichend erscheinen.

Anders ausgedrückt: I Z. 2 ist eine Hilfsvorschrift. Sie sorgt für die Fälle, die außerhalb des engen Kreises des Sicherheitsdienstes liegen, und sie ergänzt auch bei Ausübung dieses Sicherheitsdienstes die Vorschriften von I Z. 1 in erwünschter, ja unentbehrlicher Weise.

Über das Verhältnis zu II s. dort.

7. Die Rechtmäßigkeit des Waffengebrauchs ist auch dann nicht anzuzweifeln, wenn das Militär über das Vorliegen der Störung oder des Angriffs entschuldbar irrte. Vgl. I 3a, Anm. 4 über Irrtum als Schuldausschließungsgrund.

8. Der Waffengebrauch nach I Z. 2 ist nicht nur Recht, sondern nach ausdrücklicher Bestimmung zugleich Dienstpflicht. Damit ist nicht ausgeschlossen das Recht, geeignetenfalls die Mitwirkung der Polizeibehörde, namentlich gegenüber Zivilpersonen, in Anspruch zu nehmen.

9. Verletzung der Rechte unbeteiligter Personen ist grundsätzlich unerheblich. Über Verlassen der Kirche während des Gottesdienstes, wegen Angriffe des Geistlichen auf die Disziplin vgl. RMG. 17 41, Rissom, Gerichtssaal 81 453.

Innerdienstliche Erzwingung des Gehorsams.

2a. (zusätzlich). Der Waffengebrauch kann ferner im inneren Dienste berechtigt sein zur Erzwingung des notwendigen Gehorsams.

§ 124 MStGB. bestimmt:

„Diejenigen Handlungen, welche der Vorgesetzte begeht, um einen tätlichen Angriff des Untergebenen abzuwehren, oder um seinen Befehlen im Fall der äußersten Not und dringendsten Gefahr Gehorsam zu verschaffen, sind nicht als Mißbrauch der Dienstgewalt anzusehen.

Dies gilt namentlich auch für den Fall, wenn ein Offizier in Ermangelung anderer Mittel, den durchaus notwendigen Gehorsam zu erhalten, sich in der Lage befunden hat, gegen den tätlich sich ihm widersetzenden Untergebenen von der Waffe Gebrauch zu machen."

Und im Artikel 13 der Kriegsartikel heißt es dementsprechend:

„Auch ist jeder Vorgesetzte berechtigt, um einen tätlichen Angriff des Untergebenen abzuwehren oder um seinen Befehlen in äußerster Not und dringendster Gefahr Gehorsam zu verschaffen, die Waffe gegen den Untergebenen zu gebrauchen".

1. Zur Entstehungsgeschichte. Die auch in Art. 68 des Bayer. MStGB. v. 25. April 1869 in ähnlicher Art enthalten gewesene Bestimmung stammt aus dem § 185 Pr. MStGB., der

wiederum sich herleitet aus der Pr. Allerh. V. v. 3. Aug. 1808 (MilGes. S. 1 58):

„Dahingegen stehen dem Offizier in Friedenszeiten bei tätlichen Widersetzungen eines Einzelnen oder Mehrerer, und in Kriegszeiten bei Versammlung der Truppen, bei Alarmierungen, beim Anrücken ins Gefecht, im Gefecht, beim Rückzuge, und endlich bei Verwehrung der Plünderungen usw. alle Mittel zu Gebote, seinen Befehlen Gehorsam zu verschaffen, und er ist in solchen Fällen sogar berechtigt, den widerspenstigen Soldaten auf der Stelle niederzustoßen, wenn andere Mittel, den durchaus nötigen Gehorsam zu erhalten, nicht kräftig oder nicht schnell genug sich darböten."

Die Bestimmung ist, wie die Motive zum MStGB. sagen, durchaus erforderlich, um den Vorgesetzten im Falle eines außerordentlichen Notstandes die zur Erhaltung der Disziplin und der öffentlichen Ordnung unumgänglich nötigen Mittel zu gewähren. Vgl. auch Romen und Rissom, MStGB. § 124 Anm. 1 a.

2. Rechtliche Bedeutung. Die Gesetzesvorschrift nennt, im Anschluß an die Strafvorschriften wegen Mißbrauchs der Dienstgewalt, einige Fälle, in denen Handlungen der Vorgesetzten (und der Wache) gegen den Untergebenen rechtmäßig sind. Vgl. Delius, S. 86 fg.

a) Die Abwehr eines tätlichen Angriffs fällt zugleich unter den zweiten Fall von I Z. 2 der Vorschrift. Der Zweck der Abwehr ergibt, daß Waffengebrauch nicht mehr zulässig ist, wenn der Untergebene nach Verübung des tätlichen Angriffs sich bereits auf der Flucht befindet (Fall Hüssener, RMG. 6 3).

b) Erzwingung des Gehorsams geht noch über den ersten Fall von I Z. 2 — Störung der dienstlichen Tätigkeit — hinaus. Es sollen alle Mittel, also auch Waffengebrauch, zulässig sein, welche erforderlich sind, um „im Falle äußerster Not und dringendster Gefahr" den Gehorsam, sei es des Unbotmäßigen selbst, oder seiner Genossen, zu erzwingen. Ohne wesentliche Änderungen des Inhalts spricht das Gesetz dann noch im Abs. 2 vom Waffengebrauch des Offiziers, ohne damit den Waffengebrauch eines Unteroffiziers oder sonstigen Vorgesetzten, falls nur die Voraussetzungen des Abs. 1 erfüllt sind, auszuschließen.

Hierzu ist zu bemerken:

Zunächst ist ins Auge zu fassen, daß es im Gesetze heißt: „im Falle der äußersten Not und dringendsten Gefahr“ (nicht „oder“). Es müssen also, wenn der Vorgesetzte berechtigt sein soll, gegen den Untergebenen straflos von der Waffe Gebrauch zu machen, beide Voraussetzungen, sowohl äußerste Not als auch dringendste Gefahr, gleichzeitig vorliegen. E. RMG. 1, 21, 91; 4, 139.

Was unter „äußerster Not und dringendster Gefahr“ zu verstehen ist, und wann beide als vorliegend anzusehen sind, das ist im Gesetz nicht angegeben. Das ist wesentlich Tatfrage und muß vom Vorgesetzten selbst beurteilt werden. Immer aber muß es sich um einen außerordentlichen Notstand handeln, der es im Interesse der unbedingten Aufrechterhaltung der Disziplin und Ordnung und zur Abschneidung einer bestehenden Gefahr dem Vorgesetzten zur gebieterischen Notwendigkeit macht, die Befolgung seines Befehles um jeden Preis durchzusetzen. „Äußerste Not“ liegt vor, wenn ein ganz außerordentlich schwerer Verlust zu befürchten steht, etwa ungünstiger Einfluß auf den Verlauf eines Gefechtes, Tod eines Menschen, erheblicher Materialschaden, Ausbreitung aufrührerischen Geistes in der Truppe. Einfache Gehorsamsverweigerung mit oder ohne Anwesenheit anderer Militärpersonen genügt regelmäßig nicht. RMG. 1, 91, 4, 139. Für die Annahme „äußerster Not“ ist ferner erforderlich, daß dem Vorgesetzten zur Erzwingung des Gehorsams andere zweckdienliche Mittel nicht mehr zu Gebote stehen. „Dringendste Gefahr“ wird angenommen werden müssen, wenn augenblickliche Gefahr vorliegt, sei es für die Person des Vorgesetzten, sei es für andere, sei es für die Disziplin im allgemeinen. Näheres s. Romen-Rissom, MStGB. § 124.

Notwehr.

3. Ferner steht jeder Militärperson die Ausübung der Notwehr zu.

Notwehr ist diejenige Verteidigung, die erforderlich ist, um einen gegenwärtigen, rechtswidrigen Angriff von sich oder einem anderen abzuwenden, ohne Unterschied, ob der gegenwärtige rechtswidrige Angriff sich gegen Leib, Leben, Ehre oder Eigentum richtet.

Die Notwehr darf das gebotene Maß der Verteidigung nicht überschreiten und nicht in Vergeltung ausarten; jedoch ist bei Ausübung der Notwehr erforlichen Falls der Gebrauch der Waffe gestattet.

Eine Militärperson soll unter dem Vorwand der Ausübung von Notwehr nicht die Rolle der Polizei übernehmen.

1. Die Vorschrift stützt sich auf die allgemeinen Bestimmungen des RStGB. über die Notwehr. Hier ist in § 53 bestimmt:

„Eine strafbare Handlung ist nicht vorhanden, wenn die Handlung durch Notwehr geboten war.

Notwehr ist diejenige Verteidigung, welche erforderlich ist, um einen gegenwärtigen, rechtswidrigen Angriff von sich oder einem anderen abzuwenden.

Die Überschreitung der Notwehr ist nicht strafbar, wenn der Täter in Bestürzung, Furcht oder Schrecken über die Grenzen der Verteidigung hinausgegangen ist."

2. Verhältnis zu den übrigen Waffengebrauchsgründen. Das Recht der Notwehr, wie es im § 53 RStGB. anerkannt ist, steht jeder Militärperson in und außer Dienst zu. Der dienstliche Waffengebrauch nach Abschn. I Z. 1, 2, 2a, 6, und Abschn. II beruht nicht auf den Grundlagen der Notwehr oder des — unten in Anm. 6 zu erörternden — Notstandes. Dies ist wohl zu berücksichtigen, wenn z. B. von einem „Notstande der Disziplin" gesprochen wird. Der dienstliche Waffen-

gebrauch, als staatliches Zwangsrecht, hat sein eigenes Recht, eigene Voraussetzungen und — grundsätzlich — eigene, nämlich strengere, Anwendungsart. Er belegt zwar teilweise ein Gebiet, das auch durch die Grundsätze der Notwehr, falls diese zur Anwendung kämen, würde gedeckt werden. Aber er greift erheblich über dieses Gebiet hinaus. Näheres bei Rissom, Notwehr, S. 45 bis 48. Schrifttum s. Romen und Rissom, MStGB. § 49.

3. Die Merkmale der Notwehr sind (nach Romen und Rissom, MStGB., § 49 Anm. 2):

α) Ein Angriff auf ein Rechtsgut, Leib und Leben, Ehre, RMG. **6** 2, **3**, **14** 53, Vermögen. Vgl. Frank § 53 RStGB. Jedes Rechtsgut ist wehrfähig, RMG. **14** 53. Es muß sich um einen gegenwärtigen, d. h. mindestens unmittelbar bevorstehenden und noch nicht völlig beendeten Angriff handeln, RMG. **1** 69. Der Angriff muß ferner ein rechtswidriger sein. Objektive Rechtswidrigkeit genügt, so daß auch Angriffe Unzurechnungsfähiger hierher gehören, PE. **12** 32.

β) Verteidigung. Handlungen, welche diesen Zweck nicht verfolgen, sind nicht gedeckt, RMG. **9** 278, **12** 234. Andererseits ist es, wenn dieser Zweck verfolgt wurde, unerheblich, welche Beweggründe noch mitspielten. RMG. **9** 278. Verteidigung ist nicht nur Abwehr (meist schon an sich straflos), sondern gerade in erster Linie Gegenwehr. Sie muß sich aber auf den Angreifer beschränken und darf nicht Rechte Dritter verletzen.

Andere Mittel, um dem Angriff zu entgehen, wie Flucht, PE. **5** 118a, Anrufen des Vorgesetzten, brauchen nicht ergriffen zu werden, wenigstens, wie RMG. **7** 248 hinzufügt, nicht, wenn sie mit Unzuträglichkeiten und Preisgabe anderer schutzberechtigter Interessen verbunden sind. Noch mehr gilt dies von der Beschwerde, welche nur ein nachträgliches Ausgleichsmittel ist.

Die Verteidigung muß zur Abwendung des Angriffs erforderlich sein. Das Maß richtet sich allein nach der Art und Stärke des Angriffs und ist objektiv unter Berücksichtigung der Umstände des einzelnen Falles zu bemessen, RMG. **6** 223, **9** 237. Daher ist Gebrauch der Waffe nicht immer gerechtfertigt, PE. **9** 44, indessen besteht, namentlich unbekannten Personen gegenüber, keine Verpflichtung, zunächst eine der Gefahr des Unterliegens ausgesetzte Kampfesweise zu versuchen. Auf das Wertverhältnis zwischen den Rechtsgütern kommt es nicht an.

Irrtum über das Vorliegen der Merkmale der Notwehr steht dem tatsächlichen Vorliegen gleich, RMG. **11** 166. Dies gilt insbesondere für die Annahme des gegenwärtigen Angriffs, RMG. **2** 21, **7** 248, **8** 199, **10** 282, PE. **5** 118 b, 9 44, **12** 33 b — über Putativnotwehr s. RMG. **15** 101 —, und den Glauben an die Erforderlichkeit der gewählten Verteidigung, RMG. **1** 69, **2** 21, **7** 248, **8** 199, **10** 282, PE. **9** 44, **12** 33 b. Es kann aber eine fahrlässige Straftat übrig bleiben, RMG. **7** 248, **8** 199, PE. **9** 44. Irrtümliche Annahme der Rechtswidrigkeit des Angriffs schützt nach RG. **22** 300 nicht (zweifelhaft).

Die im § 53 Abs. 3 StGB. aus Billigkeitsgründen straflos gelassene Überschreitung der Notwehr in Bestürzung, Furcht, PE. **2** 173, oder Schrecken bezieht sich, was oft verkannt wird, lediglich auf die nicht durch Irrtum bereits entschuldigten Fälle, hat also ein nur beschränktes Anwendungsgebiet, RMG. **11** 166. Die Gewährung der Vergünstigung setzt voraus, daß tatsächlich, nicht nur in der Annahme des Täters ein rechtswidriger Angriff vorlag, RMG. **1** 69, **10** 282, PE. **2** 173, **6** 114. Auch ist § 49 Abs. 1 MStGB. hier anwendbar.

Jedenfalls werden gegenüber einem Einwande aus Abs. 3 § 53 regelmäßig große Vorsicht und Mißtrauen geboten sein.

4. Dem rechtswidrigen Angriff des Vorgesetzten gegenüber hat man Ausnahmen vom Notwehrrecht im Interesse der Aufrechterhaltung der militärischen Disziplin wiederholt als im geltenden Recht enthalten zu begründen versucht. So wird z. B. das (nicht unbestrittene) Verbot der Verletzung der Rechte Dritter, also Unbeteiligter, bei der Notwehr zugrunde gelegt und die Disziplin als ein derartiges Rechtsgut des Staates bezeichnet (Guht S. 78). Oder es wird ausgegangen von der Tatsache, daß die Rechtswidrigkeit einer sonst strafbaren Handlung durch besondere, außerhalb des Strafrechts liegende Umstände ausgeschlossen sein kann, und hieraus gefolgert, daß auch die vom Strafrecht im Falle der Notwehr ausnahmsweise anerkannte Rechtmäßigkeit der Handlung durch besondere, außerstrafrechtliche, dem Wesen des militärischen Dienstes entspringende Umstände wieder beseitigt werden könne (Rissom, Notwehr S. 30). Von letzterem Standpunkt aus, der auch hier vertreten wird, trotzdem die Unsicherheit des gegebenen Maßstabes nicht zu leugnen ist, würde im einzelnen Fall ein angemessener Ausgleich der sich gegenüberstehenden Interessen des Einzelnen und der Gesamtheit gesucht werden müssen. Dabei sind insbesondere von Bedeutung die Gefährlichkeit des Angriffs, die strengeren Formen der Dienstausübung, namentlich vor versammelter Mannschaft und unter dem Gewehr, die Möglichkeit späteren Ausgleichs mit Hilfe des Beschwerderechts. Eine noch so einschränkende Auslegung der „Erforderlichkeit" der Verteidigung kann diesen Umständen nicht gerecht werden. Insoweit ist den Ausführungen von Rotermund, MStGB. § 97 Anm. 11 und Anhang zu § 97 Anm. 11 nicht völlig beizutreten. Übrigens würde nicht allein die Pflicht der Unterordnung, sondern auch die Pflicht der Kameradschaftlichkeit das Notwehrrecht einzuengen geeignet sein.

Soweit dem Vorgesetzten gegenüber der Schutz der Notwehr versagt, kommt Strafmilderung aus § 98 MStGB. wegen Reizung durch kränkendes Verhalten des Vorgesetzten in Frage.

5. Beleidigungen führen gelegentlich zu Abwehrmaßregeln, selbst zum Waffengebrauch. Dies gilt namentlich, wenn Militärpersonen, insbesondere Offiziere, zur Nachtzeit auf der Straße durch Zivilpersonen zweifelhaften Charakters verfolgt und durch Schimpfworte fortgesetzt beleidigt werden. Auch gegen Angriffe auf die Ehre ist Notwehr zulässig, wie gegen jeden Eingriff in die Rechtssphäre eines anderen. „Das Recht braucht dem Unrechte nirgends zu weichen. Der § 53 StGB. hat nicht, bloß einen gegen die Person eines anderen gerichteten Angriff, sondern

wie die Allgemeinheit der Fassung zeigt und die Motive ausdrücklich hervorheben, jeden Angriff auf Leib, Leben, Ehre oder Vermögensgegenstände, jeden Eingriff in die Rechtssphäre einer anderen Person im Auge; Notwehr ist also auch zur Abwehr von Beleidigungen statthaft", so sagt wörtlich das Reichsgericht (s. Bd. 21 S. 170; vgl. auch RMG. Bd. 6 S. 225). Gerade für Militärpersonen, namentlich Offiziere, ist es nicht nur Recht, sondern auch Pflicht, die Ehre der Uniform aufrechtzuerhalten. Eine Aufforderung des Störenfrieds zur Ruhe oder eine vorgängige Androhung von Gegenmaßregeln wird in der Regel nicht zu verlangen sein. Die Anrufung der etwa in Person eines Polizeibeamten gegenwärtigen obrigkeitlichen Gewalt geht der Selbstverteidigung nicht vor. Flucht ist gleichfalls nicht zu verlangen. So bleibt als Mittel, der Fortsetzung der Beleidigung Einhalt zu tun, vielfach nur die körperliche Verletzung des Angreifers übrig. Als zur Abwehr erforderlich wird in solchen Fällen grundsätzlich der Gebrauch der blanken Waffe zu gelten haben, da der Angegriffene nicht verpflichtet ist, die Gefahr eines Ringkampfes oder Messerstiches auf sich zu nehmen. Ein scharfes Zuschlagen, wo der Gebrauch der flachen Klinge genügen würde, kann allerdings vom Standpunkte des Rechtes aus bei bloßer Notwehr der Regel nach nicht zugelassen werden. Auch ein Handeln zum Zwecke der Vergeltung und Wiederherstellung der Ehre nach beendetem Angriff (Fall Brüsewitz) ist nicht straflos, wie dies die Vorschrift ausdrücklich bemerkt.

6. Nothilfe kann einem anderen in den Grenzen der Notwehr geleistet werden. Der Soldat soll aber, wie die Vorschrift ausdrücklich bemerkt, dieses Recht nicht dazu ausnutzen, um die Rolle der Polizei zu übernehmen. Wohl aber soll er seinen Kameraden, einerlei, ob gleichen, höheren oder niederen Ranges, helfen. Kriegsartikel 25 fordert:

„Der Soldat darf im Kampf, in Not und Gefahr seine Kameraden nicht verlassen, muß ihnen nach allen Kräften Hilfe leisten, wenn sie in erlaubten Dingen seines Beistandes bedürfen, und soll mit ihnen in Eintracht leben."

7. Der Notstand ist nach geltendem Gesetz zwar kein Recht, wohl aber regelmäßig Strafausschließungsgrund. Verschiedene Selbsthilferechte stehen nach Maßgabe des geltenden Rechts auch dem Soldaten zu:

a) Notstand. Neben dem kaum in Betracht kommenden § 52 RStGB. ist hier zu erwähnen § 54 RStGB.:

Eine strafbare Handlung ist nicht vorhanden, wenn die Handlung außer dem Falle der Notwehr in einem unverschuldeten, auf andere Weise nicht zu beseitigenden Notstande zur Rettung aus einer gegenwärtigen Gefahr für Leib oder Leben des Täters oder eines Angehörigen begangen worden ist".

Sobald aber eine Dienstpflicht in Frage kommt, muß der Soldat auch in Not und Gefahr aushalten. Bei Verletzung der Dienstpflicht ist also die Berufung auf Notstand, wie § 49 Abs. 1 MStGB. ausdrücklich feststellt, ausgeschlossen.

b) Das bürgerliche Recht gestattet in einzelnen Fällen die Beschädigung oder Zerstörung von Sachen, gegebenenfalls auch unter Benutzung der Waffe (privatrechtlicher Notstand), und zwar sowohl im Verteidigungszustande (§ 228 BGB.), als auch selbst durch Angriff (§ 904 a. a. O.). Es bestimmen nämlich:

§ 228. „Wer eine fremde Sache beschädigt oder zerstört, um eine durch sie drohende Gefahr von sich oder einem anderen abzuwenden, handelt nicht widerrechtlich, wenn die Beschädigung oder die Zerstörung zur Abwendung der Gefahr erforderlich ist und der Schaden nicht außer Verhältnis zu der Gefahr steht. Hat der Handelnde die Gefahr verschuldet, so ist er zum Schadensersatze verpflichtet."

§ 904. „Der Eigentümer einer Sache ist nicht berechtigt, die Einwirkung eines anderen auf die Sache zu verbieten, wenn die Einwirkung zur Abwendung einer gegenwärtigen Gefahr notwendig und der drohende Schaden gegenüber dem aus der Einwirkung dem Eigentümer entstehenden Schaden unverhältnismäßig groß ist. Der Eigentümer kann Ersatz des ihm entstehenden Schadens verlangen."

c) Über Rechte des Jagdberechtigten vgl. Rissom, Notwehr, S. 28 und 65.

3a. **Strafbestimmungen.**

1. Unterlassung des gebotenen dienstlichen Waffengebrauchs kann strafbar sein als Ungehorsam nach §§ 92—96 MStGB., ferner z. B. nach den oben (S. 53) I Z. **1d**, Anm. 4, abgedruckten §§ 141 MStGB. (Wachvergehen) und 143 MStGB. (Duldung strafbarer Handlungen seitens der Wachen usw.).

2. Tätlichkeiten und Widerstand von Zivilpersonen gegen die bewaffnete Macht in — rechtmäßiger — Ausübung ihres Dienstes sind strafbar nach § 113 RStGB. Für Militärpersonen kommen namentlich §§ 96—110a MStGB. in Betracht, unter Berücksichtigung des § 111 MStGB., der die Wachen den militärischen Vorgesetzten in weitem Umfange gleichstellt.

Über Verfolgung von Beleidigungen bestimmt

§ 196 RStGB.: „Wenn die Beleidigung gegen eine Behörde, einen Beamten, einen Religionsdiener oder ein Mitglied der bewaffneten Macht, während sie in der Ausübung ihres Berufes begriffen sind, oder in Beziehung auf ihren Beruf begangen ist, so haben außer den unmittelbar Beteiligten auch deren amtliche Vorgesetzte das Recht, den Strafantrag zu stellen."

Amtliche Vorgesetzte sind u. a. der Preuß. Kriegsminister für alle Angehörigen des Preuß. Heeres, RG. in Strafs. **15** 75, **35** 227, der Garnisonälteste für alle Angehörigen der Garnison, Kr.Min. v. 3. 8. 1894, Spruchbeil. d. DJZ. 1911 S. 820, RG. in Strafs. v. 23. 1. 1911. Strafanträge, namentlich in Pressesachen, pflegen sich die höheren Dienststellen vorzubehalten.

Für Militärpersonen gelten außerdem noch die Vorschriften der §§ 89, 91, 121 MStGB.

3. Unberechtigter Waffengebrauch ist teils als selbständiges Vergehen nach § 149 MStGB., teils als Körper-

verletzung oder Tötung strafbar. Der Sitz der letztgenannten Vergehen und Verbrechen ist im wesentlichen das allgemeine Strafgesetzbuch, dessen Strafandrohungen nach §§ 53, 55 Z. 2 MStGB. eine Erhöhung erfahren, wenn die Tat „unter Mißbrauch der Waffen" verübt ist. Ob infolgedessen die Tat zu einem militärischen Verbrechen oder Vergehen wird, ist streitig. Im Verhältnis zwischen militärischen Vorgesetzten und Untergebenen kommen außerdem §§ 97, 107, 122, 123 MStGB. zur Anwendung, für Wachen auch § 125 das., und zwar auch Zivilpersonen gegenüber. Vgl. Romen und Rissom, MStGB. § 114 Anm. 1. Fahrlässige Tötung und Körperverletzung werden meist auch aus § 148 MStGB. strafbar sein. Seltener kommen Sachbeschädigung nach §§ 303 fg. RStGB. und Beschädigung von Dienstgegenständen nach § 137 MStGB. in Frage. Die wichtigsten Bestimmungen sind: a) aus dem Militärstrafgesetzbuch

§ 149. „Wer rechtswidrig von seiner Waffe Gebrauch macht, oder einen Untergebenen zum rechtswidrigen Waffengebrauche auffordert, wird vorbehaltlich der verwirkten höheren Strafe mit Gefängnis oder Festungshaft bis zu einem Jahre bestraft."

§ 55 Z. 2. „Auf erhöhte Strafe (§ 53) ist, sofern in diesem Gesetze nicht besondere Bestimmungen getroffen sind, zu erkennen:

2. wenn strafbare Handlungen unter Mißbrauch der Waffen oder der dienstlichen Befugnisse oder während der Ausübung des Dienstes ausgeführt werden".

§ 148. „Wer durch unvorsichtige Behandlung von Waffen oder Munition einen Menschen körperlich verletzt, wird mit Freiheitsstrafe bis zu drei Jahren und, wenn der Tod eines Menschen verursacht worden ist, mit Gefängnis oder Festungshaft bis zu fünf Jahren bestraft."

b) aus dem Reichsstrafgesetzbuch

§ 211. „Wer vorsätzlich einen Menschen tötet, wird, wenn er die Tötung mit Überlegung ausgeführt hat, wegen Mordes mit dem Tode bestraft."

§ 212. „Wer vorsätzlich einen Menschen tötet, wird, wenn er die Tötung nicht mit Überlegung ausgeführt hat, wegen Totschlages mit Zuchthaus nicht unter fünf Jahren bestraft."

§ 223 Abs. 1. „Wer vorsätzlich einen anderen körperlich mißhandelt oder an der Gesundheit beschädigt, wird wegen Körperverletzung mit Gefängnis bis zu drei Jahren oder mit Geldstrafe bis zu eintausend Mark bestraft."

§ 223a. „Ist die Körperverletzung mittels einer Waffe usw. begangen, so tritt Gefängnisstrafe nicht unter zwei Monaten ein."

§ 224. „Hat die Körperverletzung zur Folge, daß der Verletzte ein wichtiges Glied des Körpers, das Sehvermögen auf einem oder beiden Augen, das Gehör, die Sprache oder die Zeugungsfähigkeit verliert, oder in erheblicher Weise dauernd entstellt wird, oder in Siechtum, Lähmung oder Geisteskrankheit verfällt, so ist auf Zuchthaus bis zu fünf Jahren oder Gefängnis nicht unter einem Jahre zu erkennen."

§ 225. „War eine der vorbezeichneten Folgen beabsichtigt und eingetreten, so ist auf Zuchthaus von zwei bis zu zehn Jahren zu erkennen."

§ 226. „Ist durch die Körperverletzung der Tod des Verletzten verursacht worden, so ist auf Zuchthaus nicht unter drei Jahren oder Gefängnis nicht unter drei Jahren zu erkennen."

§ 227. „Ist durch eine Schlägerei oder durch einen von mehreren gemachten Angriff der Tod eines Menschen oder eine schwere Körperverletzung verursacht worden, so ist jeder, welcher sich an der Schlägerei oder dem Angriffe beteiligt hat, schon wegen dieser Beteiligung mit Gefängnis bis zu drei Jahren zu bestrafen, falls er nicht ohne sein Verschulden hineingezogen worden ist.

Ist eine der vorbezeichneten Folgen mehreren Verletzungen zuzuschreiben, welche dieselbe nicht einzeln, sondern nur durch ihr Zusammentreffen verursacht haben, so ist jeder, welchem eine dieser Verletzungen zur Last fällt, mit Zuchthaus bis zu fünf Jahren zu bestrafen."

§ 228. „Sind mildernde Umstände vorhanden, so ist in den Fällen des § 223 Absatz 2 und des § 223a auf Gefängnis bis zu drei Jahren oder Geldstrafe bis zu eintausend Mark, in den Fällen der §§ 224 und 227 Absatz 2 auf Gefängnis nicht unter einem Monat, und im Falle des § 226 auf Gefängnis nicht unter drei Monaten zu erkennen."

Bei mildernden Umständen nach § 228 das. Gefängnis von einem Tage bis zu drei Jahren oder Geldstrafe bis zu eintausend Mark. Die Verhängung von Geldstrafe beim Mißbrauch der militärischen Waffe ist indessen nach § 29 MStGB. ausgeschlossen PE. **3** 115a. Bei rechtswidrigem Waffengebrauch darf nach der herrschenden, bei Romen und Rissom, MStGB. § 149 Anm. 6c, bekämpften, Ansicht nicht unter 43 Tage Gefängnis heruntergegangen werden.

Wegen fahrlässiger Tötung und Körperverletzung s. §§ 222, 230, 232 RStGB.

Der § 340 RStGB., betr. Körperverletzung im Amte, kommt, obwohl auch Offiziere als Beamte im Sinne des § 359 RStGB. zu gelten haben (RG. in Strafs. **29** 15), nach der auf Grund RMG. **16** 203 herrschend gewordenen Auffassung nicht zur Anwendung. Näheres Romen und Rissom, MStGB. § 145 Anm. 1.

Als Amtsanmaßung kann unberechtigtes Auftreten des Militärs strafbar sein nach

§ 132 StGB. „Wer unbefugt sich mit Ausübung eines öffentlichen Amtes befaßt oder eine Handlung vornimmt, welche nur kraft eines öffentlichen Amtes vorgenommen werden darf, wird mit Gefängnis bis zu einem Jahre oder mit Geldstrafe bis zu dreihundert Mark bestraft."

4. Irrtümliche Annahme der Berechtigung zum dienstlichen Einschreiten und Waffengebrauch (wegen der Notwehr s. I Z. 3) muß grundsätzlich mindestens nach § 59 RStGB. Straflosigkeit, soweit nicht fahrlässiges Verhalten genügt, zur Folge haben. (Über den die Rechtmäßigkeit des Einschreitens nicht hindernden Irrtum vgl. S. 45, I Z. 1, Anm. 10, und S. 63 I. Z 2, Anm. 7.)

Nach § 59 RStGB. hat der Irrtum über Tatumstände strafausschließende Bedeutung. Zum Tatirrtum wird allgemein mit Recht auch der Irrtum über Sätze des öffentlichen Rechts gerechnet. Vgl. Kommentare zu § 59 RStGB., Romen und Rissom, MStGB. § 48 Anm. 3 a β. Die Grundsätze des verwaltungsmäßigen Waffengebrauchs gehören aber dem öffentlichen Recht an. Vgl. Rissom, Notwehr, S. 50—53, Romen und Rissom, MStGB. S. 159 und 631. Eine grundsätzliche Entscheidung des RMG. (Fall Hüssener käme in Frage) scheint noch nicht ergangen zu sein. Nach RMG. 14 278 wäre die Frage wohl zu bejahen. Nach dem zu § 124 MStGB. ergangenen PE. 6 105 schützt den die Grenzen dieser Bestimmung überschreitenden Vorgesetzten nicht der Glaube, daß auch andere Tatsachen, die den Begriff eines Falles der äußersten Not und dringendsten Gefahr nicht erfüllen, ihn zum Gebrauch der Waffe zwecks Erzwingung des Gehorsams berechtigen. Es erscheint aber zweifelhaft, ob dieser Beschluß nach der neueren Auffassung des RMG. noch aufrechterhalten werden würde.

Festnahme.

4. Wird jemand bei Verübung eines Verbrechens oder Vergehens auf frischer Tat betroffen oder verfolgt, so ist, wenn er der Flucht verdächtig ist oder seine Persönlichkeit nicht sofort festgestellt werden kann, jede Militärperson befugt, ihn auch ohne richterlichen Befehl vorläufig festzunehmen.

Hierbei ist der Soldat zum Gebrauch der Waffe berechtigt, soweit dies zur Überwindung eines etwaigen Widerstandes erforderlich ist. Abweichend von 1 ist der Waffengebrauch nicht zulässig, wenn der Festgenommene entsprungen ist.

Der Festgenommene ist unverzüglich der nächsten Polizeibehörde vorzuführen.

Über die Befugnis der zum Wachtdienst kommandierten Offiziere und Mannschaften zur Festnahme s. Garnison-dienst-Vorschrift 118—133.

1. Festnahme durch jede Militärperson wegen strafbarer Handlungen. Vorbildlich war, da hier in erster Linie an die Festnahme von Zivilpersonen gedacht ist, der § 127 StrPO. v. 1. Febr. 1877 (17. Mai 1898). Durch Fortlassung der Übertretungen, welche in dem entsprechenden § 180 MStGO. fehlen, ist aber die Anwendbarkeit auch gegen Personen, welche der Militärgerichtsbarkeit unterstehen, also namentlich aktive Soldaten, gesichert.

Dazu bestimmt noch § 180 Abs. 3 MStGO.:

„Bei einem im Offiziersrange stehenden und in entsprechender Uniform befindlichen Angehörigen der bewaffneten Macht ist die Annahme ausgeschlossen, daß er der Flucht verdächtig sei, oder daß seine Persönlichkeit nicht sofort festgestellt werden könne, es sei denn, daß er bei der Begehung eines Verbrechens auf frischer Tat betroffen oder verfolgt wird."

Vgl. dazu die Preuß. AKO. vom 6. Dez. 1855 über die Befugnisse der Polizei gegenüber Offizieren (MilGes. S. 5 371).

Die rechtlich zweifelhafte Frage, ob der Soldat zur Überwindung etwaigen Widerstandes zum Waffengebrauch berechtigt sei, ist von der Vorschrift bejaht. Es würde allerdings das Festnahmerecht nicht viel wert sein, wenn der Widerstand überhaupt nicht, oder nur durch Körperkraft überwältigt werden dürfte. S. dazu Rissom, Notwehr S. 66, RG. **34** 443. Zur Verhinderung der Flucht soll der Waffengebrauch in diesem Falle, in dem keine Wache, sondern nur eine Privatperson handelt, nicht zulässig sein.

Die in § 128 StPO. vorgeschriebene unverzügliche Vorführung von Zivilpersonen an die nächste Polizeibehörde (oder an die nächste Militärbehörde oder Wache, welche dann die weitere Ablieferung von Zivilpersonen besorgt), ist besonders eingeschärft.

Rechtswidrige Freiheitsberaubungen können aus §§ 239, 240, 132 RStGB. strafbar sein.

2. Militärgerichtlicher Zwang. a) Der Haftbefehl wird nach §§ 175, 176, 277 MStGO. vom Gerichtsherrn erlassen, auch gegen Zivilpersonen, falls sie ausnahmsweise der Militärgerichtsbarkeit unterstehen. Die Inhaftnahme wird regelmäßig durch Ersuchen der Polizeibehörde erfolgen. Der Vollzug der Untersuchungshaft geschieht grundsätzlich militärisch.

b) Die Befugnis zur vorläufigen Festnahme steht zu:

α) nach § 180 MStGO. den militärischen Vorgesetzten, den militärischen Wachen und dem Untersuchungsführer, wenn die Voraussetzungen der Untersuchungshaft vorliegen,

β) dem erkennenden Gericht nach §§ 277, 291 MStGO.

c) Kurze Verwahrung verfügt nach § 279 MStGO. der Vorsitzende des erkennenden Gerichts.

d) Vorführung Beschuldigter ordnet an: α) das erkennende Gericht im Falle des § 278 MStGO., β) der Untersuchungsführer gegen Personen, die nicht aktive Soldaten sind, nach § 172 MStGO. Um Vollzug wird regelmäßig die Polizeibehörde ersucht werden.

e) Vollzug einer militärgerichtlich erkannten Strafe erfolgt militärisch, doch gegen Zivilpersonen ohne Militärverhältnis nach § 15 Abs. 3 MStGB. durch die bürgerlichen Behörden. Um Einlieferung von Zivilpersonen ist, falls Ladung nicht genügt, grundsätzlich die Polizeibehörde zu ersuchen.

f) Vorführung von Zeugen in den Fällen des § 186 Abs. 4 MStGO. erfolgt durch die Polizeibehörde.

Erzwingung der Erfüllung der Zeugenpflicht in den entsprechenden Fällen geschieht nach § 263 Abs. 3 daselbst durch das bürgerliche Gericht.

g) Über Sitzungspolizei insbes. gegen Zivilpersonen vgl. § 209 MStGO.

h) Über Rechtshilfe auf Ersuchen der bürgerlichen Gerichte s. Romen und Rissom, MStGO., EG. §§ 13 und 19.

3. Festnahme im Wachtdienst. Die von der Vorschrift angezogenen Bestimmungen der Garnisondienst-Vorschr. v. 15. März 1902 Z. 118—133 lauten:

118. Zur Festnahme einer Militär- oder einer Zivilperson sind aus eigener Machtvollkommenheit die zum Wachtdienst kommandierten Offiziere und Mannschaften, einschließlich der Offiziere vom Ortsdienst und der Ronde, in folgenden Fällen befugt:

1. wenn jemand bei Begehung einer strafbaren Handlung betroffen wird und seine Persönlichkeit nicht sofort mit Sicherheit festgestellt werden kann;
2. wenn die Festnahme zum Schutze der ihrer Bewachung anvertrauten Personen oder Sachen erforderlich ist;
3. bei einem Angriff auf die Wache und Posten, bei Tätlichkeiten oder Beleidigungen, deren Fortsetzung nur durch die Festnahme verhindert werden kann.

119. Offiziere, Sanitätsoffiziere und Veterinäroffiziere in Uniform dürfen nur festgenommen werden, wenn sie bei Begehung eines Verbrechens auf frischer Tat betroffen oder verfolgt werden.

120. Festzunehmen sind ferner Militärpersonen, die sich nach dem Zapfenstreich unberechtigt außerhalb ihres Quartiers aufhalten.

121. Die Festnahme einer Militär- oder Zivilperson durch die Wachen usw. geschieht außerdem:

1. Auf Befehl der Wachtvorgesetzten;
2. auf schriftlichen Befehl eines militärischen Gerichtsherrn oder eines Gerichtes;
3. auf Antrag der Polizeibehörde oder anderer Beamten, denen die Pflicht obliegt, Straftaten nachzuforschen, insonderheit von Polizeibeamten, Gendarmen usw.

122. Als festgenommen gilt eine Person erst dann, wenn ihr unter Handauflegen oder Berühren mit der Waffe ausdrücklich eröffnet ist, daß sie festgenommen sei.

Der bloße Zuruf „Halt" oder „Sie sind verhaftet, arretiert, festgenommen" oder dergleichen genügt nicht.

Dem Festgenommenen ist sofort zu erklären, daß bei Fluchtversuch von der Waffe Gebrauch gemacht werden würde; Waffen und Werkzeuge sind ihm abzunehmen.

123. Hat der Posten eine Person festgenommen, so stellt er sie in das Schilderhaus, Gesicht nach der Wand. Er selbst pflanzt das Seitengewehr auf und stellt sich so vor das Schilderhaus, daß er den Arrestanten unter Augen hat. Er erweist keine Ehrenbezeugungen. Den Wachthabenden setzt er durch einen vorübergehenden Soldaten usw. von dem Vorgefallenen in Kenntnis; bei Festnahme von Zivilpersonen läßt er einen Polizeibeamten herbeirufen, wenn dies schneller zum Ziele führt.

124. Alle festgenommenen Militärpersonen werden nach der nächsten Wache gebracht, wo mit ihnen nach den vom Gouverneur usw. oder, wenn es sich um Kasernen- oder sonstige Wachen des Truppenteils handelt, vom Kommandeur dieses Truppenteils über die weitere Ablieferung getroffenen Anordnungen verfahren wird.

125. Alle festgenommenen Zivilpersonen werden nach der nächsten Wache gebracht, von der sie durch die Polizei, die sofort zu benachrichtigen ist, abgeholt werden. Liegt eine Polizeiwache dem Festnahmeort näher als die zuständige Militärwache, so erfolgt die Ablieferung unmittelbar an die Polizeiwache.

Außerdem sind die polizeilichen Exekutivbeamten, die sich nicht auf Straßenposten, oder auf Patrouille mit fest vorgeschriebener, Abweichungen nicht zulassender Marschroute befinden, angewiesen, die von militärischen Posten, Patrouillen usw. festgenommenen Zivilpersonen auf Ansuchen gegen Ausstellung einer Bescheinigung zu übernehmen und an die nächste Polizeiwache abzuliefern.

126. In verkehrsreichen Straßen erfolgt der Transport festgenommener Personen möglichst in geschlossenem **Wagen**.

127. Die Wachen sind zu **Durchsuchungen** von Wohnungen und umfriedigten Räumen behufs Festnahme einer Person nur auf Ersuchen eines militärischen Gerichtsherrn, des Richters, der Staatsanwaltschaft oder deren Hilfsbeamten **berechtigt**.

128. Während der Nachtzeit dürfen Durchsuchungen ohne Zustimmung des berechtigten Inhabers oder seines Vertreters nur vorgenommen werden*)

a) bei Verfolgung einer Person auf frischer Tat oder bei Gefahr im Verzuge oder behufs Wiederergreifung eines entwichenen Gefangenen,

b) in Räumen, die Militärpersonen zum dienstlichen Gebrauch angewiesen sind,

c) an Orten, die bei Beginn der Durchsuchung dem Publikum ohne Unterschied geöffnet sind.

129. Die Nachtzeit umfaßt in dem Zeitraum vom 1. April bis 30. September die Stunden von 9 Uhr abends bis 4 Uhr morgens und in dem Zeitraum vom 1. Oktober bis 31. März die Stunden von 9 Uhr abends bis 6 Uhr morgens.

130. Die Wachen müssen sich bei der Festnahme alles unnötigen Redens, sowie aller Beleidigungen und Mißhandlungen

---

*) Zu andern Zwecken als dem der Festnahme einer Person dürfen Wohnungen auch zur Nachtzeit ohne Einwilligung des berechtigten Inhabers von den Wachen betreten werden bei einer Feuers- oder Wassersnot, bei einer Lebensgefahr oder bei einem aus dem Innern der Wohnnng hervorgegangenen Ansuchen.

Der Zutritt zu den von Militärpersonen benutzten Wohnungen darf den militärischen Vorgesetzten und Beauftragten zur Vollziehung dienstlicher Befehle auch zur Nachtzeit nicht versagt werden.

enthalten, andererseits aber, wenn eine Festnahme erfolgen muß, diese nötigenfalls mit Gewalt erzwingen.

Es müssen daher in jedem Falle so viel Mannschaften abgeschickt werden, daß der Zweck unter den obwaltenden Umständen erreicht werden kann. Findet aber der Führer dieser Mannschaft, wenn er an Ort und Stelle anlangt, daß das ihm anvertraute Kommando zu schwach ist, um den Zweck zu erreichen, so muß er sofort denjenigen, der ihn abgeschickt hat, um die erforderliche Verstärkung des Kommandos ersuchen lassen.

Inwieweit das kommandierte Militär hierbei von seiner Waffe Gebrauch machen kann, ist aus Ziffer 134 und 135 ersichtlich.

Wenn Mannschaften, die nicht zur Wache gehören, zur Hilfsleistung herangezogen werden, so haben sie tunlichst im Wachtanzuge zu erscheinen.

131. Erscheint nach Lage des einzelnen Falles, z. B. bei Personen, die sich widersetzen, oder sobald schwere Verbrechen oder Vergehen vorliegen, eine Fesselung des Festgenommenen notwendig, so erfolgt sie auf Anordnung des Wachthabenden mit dem auf der Wache befindlichen Schließzeug oder auf andere geeignete Weise.

132. Sobald die Festnahme erfolgt ist, steht der Festgenommene unter dem Schutze der Wache. Führt er Gegenstände bei und mit sich, für deren Aufbewahrung er nicht selbst Sorge tragen kann, so liegt deren einstweilige Sicherstellung den Wachen ob.

Die bei einem Festgenommenen etwa vorgefundenen Papiere sind der zuständigen Behörde abzuliefern. Der Wachthabende darf diese Papiere nur mit Genehmigung des Festgenommenen durchsehen.

133. Wo die Ortsverhältnisse nähere Bestimmungen und Anweisungen bei Anwendung dieser Vorschriften erfordern, einigt sich der Gouverneur usw. mit der Ortspolizeibehörde darüber.

Das Ergebnis dieser Einigung ist den vorgesetzten Behörden zur Bestätigung vorzulegen und nach deren Eingang an dem betreffenden Orte bekannt zu machen.

b) Die Sächsische GarnDV. vom 1. 7. 1902 und die Württembergische vom 29. 5. 02 stimmen überein, auch die Bayerische vom 25. 6. 02. Doch bleiben bei letzterer die Ziffern stets um eine Zahl zurück.

c) Hiernach handelt die Wache:

α) als Organ der Strafverfolgung

I. gegen Zivilpersonen (genauer Personen, welche der bürgerlichen Strafgerichtsbarkeit unterstehen):

1. betroffen bei Begehung einer strafbaren Handlung, wenn die Persönlichkeit nicht sofort mit Sicherheit festgestellt werden kann. § 127 StPO., Ziff. 118, 1 GV.
2. Desgl., wenn Fluchtverdacht vorliegt, § 127 StPO. (nicht in die GV. aufgenommen).

II. gegen Militärpersonen (genauer, die der Militärgerichtsbarkeit Unterworfenen):

1. nach § 180 Abs. 1 MStGO., wenn die Voraussetzungen der Untersuchungshaft vorliegen, also nach § 176 das. dringender Tatverdacht und außerdem Verbrechen oder Fluchtverdacht (dazu § 180 Abs. 3), oder Disziplingefährdung oder Verdacht der Beseitigung von Spuren bzw. Beeinflussung von Zeugen. (In die GV. nicht aufgenommen, s. aber unter 2.) Ein besonderer Fall der Festnahme wegen militärischer Vergehen im Interesse der Disziplin, nämlich der im Wachtdienst befindlichen Soldaten durch den Wachthabenden wegen eines nach den Kriegsartikeln zu ahndenden Vergehens ist Z. 54 GV. erwähnt.
2. nach § 180 Abs. 2 MStGO. Ziff. 118, 1 GV., wenn jemand bei Begehung einer strafbaren Handlung betroffen wird und seine Persönlichkeit nicht sofort mit Sicherheit festgestellt werden kann (das Gesetz spricht in Abs. 2, wo es auch den Fluchtverdacht erwähnt, allerdings nur von Verbrechen und Vergehen, indessen läßt sich die Vorschrift der GV., soweit sie Übertretungen betrifft, im wesentlichen aus § 180 Abs. 1 und § 176 Ziff. 2 MStGO. — Fluchtverdacht — begründen.

Wegen der Personen in Offiziersrang in Uniform s. Z. 119 GV. (S. 80), § 180 Abs. 3 MStGO. Die GV. spricht — nicht völlig genau — nur von Offizieren, s. Autenrieth, Arch. MilR. 1 175.

Lediglich ausführend handeln die Wachen in den Fällen der Z. 121, 2 und 3 GV. Soweit der Wachvorgesetzte nach Z. 121, 1 den Befehl erteilt, ist natürlich er an die Vorschriften gebunden.

Ferner handeln die Wachen:

β) als Ordnungsorgane:

I. zum Schutze der anvertrauten Personen und Sachen,

II. zur Abwehr von Angriffen und zur Verhinderung weiterer Tätlichkeiten und Beleidigungen,

III. zur Verhinderung unberechtigten Aufenthalts von Mannschaften ohne Urlaub außer des Quartiers.

Vgl. dazu Foppen, Das Recht der vorläufigen Festnahme von Militärpersonen durch militärische Wachen, Arch. Mil. R. 3 180.

IV. Geltendes Recht ist für Preußen mit Ausnahme der 1866 erworbenen Provinzen noch immer § 4 des Preuß. Ges. vom 12. Febr. 1850 zum Schutze der persönlichen Freiheit (GesS. S. 45, MilGes. S. 4 131; vgl. auch RG. Straff. Bd. 31 S. 308), der bestimmt:

„Die im § 3 genannten (Polizei-) Behörden, Beamten und Wachtmannschaften sind befugt, Personen in polizeiliche Verwahrung zu nehmen, wenn der eigene Schutz dieser Personen oder die Aufrechterhaltung der öffentlichen Sittlichkeit, Sicherheit und Ruhe diese Maßregel dringend erfordern. Die polizeilich in Verwahrung genommenen Personen müssen jedoch spätestens im Laufe des folgenden Tages in Freiheit gesetzt, oder es muß in dieser Zeit das Erforderliche veranlaßt werden, um sie der zuständigen Behörde zu überweisen."

Diese Bestimmung ist in die GV., welche gegenüber ihren Vorgängerinnen auf Einschränkung des Einschreitens gegen Zivilpersonen ausgeht, nur teilweise (s. o.) übernommen. Vgl. auch Olshausen, Komm. z. RStGB. § 113 Anm. 19 e; Löwe, Komm. z. StPO., § 127 Anm. 2 b.

4. Festnahme zur Durchsetzung des Dienstzwecks. Nach I Z. 2 der Vorschrift ist die Festnahme gerechtfertigt, soweit sie erforderlich ist zur Beseitigung einer Störung der dienstlichen Tätigkeit, oder um einen Angriff auf Militär oder militärisches Eigentum abzuwehren. Diese Festnahme als Zwangsmittel richtet sich nicht nach den über die Festnahme im Interesse der Strafverfolgung erlassenen Vorschriften. Es ist also namentlich die Entlassung oder die Ablieferung an die bürgerliche Behörde allein nach der Erreichung des verfolgten Zwecks zu entscheiden. Gl. Ans. Adolf Arndt im „Tag" vom 15. Jan. 1914:

„Er (der Befehlshaber) braucht auch die Festgenommenen nicht unverzüglich an die Zivilbehörden abzugeben; es sei denn, daß ihm dadurch die unbedingte Gewißheit wird, der Festgenommene wird bis auf weiteres festgehalten und kann nicht von neuem johlen oder werfen. Die bloße Erklärung eines Zivilbeamten kann ihm nicht genügen, wenn er nicht selbst die feste Überzeugung hat, daß der Zivilbeamte gewillt und tatsächlich imstande ist, den Unfug abzuwehren. Dies ist ein einfaches Gebot der Selbstverteidigung und der militärischen Ehre. Dies ist es überall, wo Militär existiert."

5. Festnahme von Soldaten im Interesse der Disziplin. a) Dazu bestimmt:

§ 7 DStrO. v. 31. 10. 1872:

„Diejenigen Offiziere, welche sich nicht in einer der im § 5 erwähnten dienstlichen Stellungen befinden, und die Unteroffiziere haben keine Disziplinarstrafgewalt.

Indessen ist jeder Offizier und Unteroffizier berechtigt, die nach dem Dienstgrade oder dem Patent oder dem Dienstalter unter ihm stehenden Personen des Soldatenstandes nötigenfalls vorläufig zu verhaften oder ihre vorläufige Verhaftung zu bewirken. Eine solche Verhaftung aber muß von ihm sofort einem mit Disziplinarstrafgewalt versehenen Vorgesetzten des Verhafteten gemeldet werden."

Diese Festnahme untersteht gleichfalls nicht den gesetzlichen Bestimmungen über vorläufige Festnahme zum Zwecke der Strafverfolgung. In angemessener Frist ist über die weitere Behandlung Verfügung zu treffen. Die Aufhebung der Festnahme kann sowohl von dem Festnehmenden selbst, als auch von den Disziplinarvorgesetzten des Verhafteten verfügt werden.

b) Über die Verhängung und Vollstreckung von Disziplinarstrafen vgl. die Disziplinarstrafordnung vom 31. 10. 1872, erläutert von Dietz, 1909 und von Schlott, 1909.

6. Über Festnahme und Sistierungen von Militärpersonen durch Polizeiorgane im Strafverfolgungs- und Sicherheitsinteresse vgl. § 180 Abs. 1 und 2 MStGO., § 10 in II 17 ALR., Arndt, Preuß. Verf.Urkunde 1911 S. 93, Preuß. AKO. v. 6. Dez. 1855 (MilGes. S. 4 371), Weigel, Zuständigkeitsgrenzen 1902 S. 186 fg., Foppen im Arch. MilR. 2 181, Dietz, DOffBl. 08 S. 310, RMG. 14 41 und 72, Arch. MilR. 2 456. Über Verpflichtung des Offiziers zur Namensnennung gegenüber Polizeibeamten vgl. Dietz, DOffBl. 1913 Nr. 45, Erhard im Arch. MilR. 5 226. Man wird eine solche Verpflichtung im Interesse der öffentlichen Ordnung und als allgemeine Staatsbürgerpflicht anerkennen müssen.

5. (Zusätzlich.) **Sonstige Zwangsmittel.**

a) Befehlsbefugnis haben die militärischen Wachen (im weiteren Sinne des Wortes) nicht nur gegen Militärpersonen — §§ 111, 125 MStGB. — sondern innerhalb ihrer Aufgabe des Schutzes der öffentlichen Ordnung, Ruhe und Sicherheit auch gegen Zivilpersonen, wie die in Vorbem. 2 g zur ersten Abteilung abgedruckten Pr. AKO. v. 31. März 1792 und Pr. Regulativ vom 16. März 1802 zeigen. Anwendungen, welche die Leistung des „schuldigen Gehorsams" fordern, s. I 1b der Vorschrift und (S. 19) § 8 der gleichfalls in der geschichtlichen Vorbemerkung abgedruckten Pr. V. v. 17. Aug. 1835. Der Sicherung des Gehorsams dienen teils Strafvorschriften, sei es des Gesetzes, wie z. B. § 116 RStGB., sei es örtliche Polizeiverordnungen der Garnison, teils die Mittel der Festnahme und des Waffengebrauchs. Für den Mißbrauch der Dienstgewalt sind die Wachen andererseits aus § 125 MStGB. haftbar.

b) Beschlagnahme und Durchsuchung.

α) Als Akte der Militärrechtspflege sind Beschlagnahme und Durchsuchung in §§ 229—242 MStGO. geregelt. Grundsatz ist, daß gegen Zivilpersonen (genauer §§ 238, 239 dort) die Vermittlung der bürgerlichen Behörde in Anspruch zu nehmen ist.

Die Vorschrift der Z. 128 GB. entspricht, soweit sie Akte der Strafverfolgung betrifft, den §§ 104 StPO., 236 MStGO.

Über Rechtshilfe auf Ersuchen bürgerlicher Gerichte s. §§ 98, 105 StPO.; Weigel, Zust.-Grenzen, S. 200 fg.

β) Das Aufsichtsrecht des Vorgesetzten kann Durchsuchungen rechtfertigen. Über die Einsichtnahme in die an Untergebene gerichteten Briefe vgl. RMG. 11 134, Gerichtssaal 73 309, Junk, Handb. d. mil. Disziplinarstrafrechts (für Österreich-Ungarn) 1914, S. 91—93, v. Korwin-Dzbanski, Das Briefgeheimnis des Soldaten, Danzers Armee Z. 1903 Nr. 30, Arch. MilR. 4 375.

γ) Das Recht der Wachen zum Betreten von Wohnungen zur Nachtzeit nach der Anm. zu Z. 128 GB. und nach Z. 128 c das. beruht auf § 9 des Pr. Ges. v. 12. Febr. 1850 zum Schutze der persönlichen Freiheit. Vgl. auch Olshausen, Komm. z. RStGB., § 113 Anm. 19d, Rspr. d. RG. 1 305.

δ) Über Seepolizei vgl. I Z. 1 Anm. 11.

c) Benutzung von Privateigentum. Die zahlreichen gesetzlichen Vorschriften über Einschränkungen des Privateigentums und Leistungspflichten zugunsten der bewaffneten Macht kommen hier nur insoweit in Betracht, als unmittelbare Zwangsdurchsetzung möglich ist. In der Regel aber haben sich die militärischen Stellen mit ihren Anforderungen an die bürgerlichen Behörden zu halten, die dann den Zwang ausüben. Dies gilt namentlich nach § 2 des Naturalleistungsgesetzes vom 24. Mai 1898 (RGesBl. 361) für 1. die Stellung von Vorspann, 2. die

Verabreichung von Naturalverpflegung, 3. die Verabreichung von Fourage, ferner nach § 10 das. für die Inanspruchnahme von Schiffen.

Dagegen kann die Benutzung von Grundstücken, Brunnen und Tränken, Schmieden durch marschierende, biwakierende, kantonnierende und übende Truppen nach Maßgabe der §§ 11—13 des Gesetzes ohne weiteres in Anspruch genommen und nötigenfalls auf der Stelle erzwungen werden. Waffengebrauch würde erforderlichenfalls nach I Z. 2 der Vorschrift zulässig sein.

Auch das Reichsges. v. 21. Dez. 1871 (RGBl. S. 459), betr. Beschränkung des Grundeigentums in der Umgebung von Festungen, verweist grundsätzlich auf die Mitwirkung der Zivilbehörden Vgl. auch Reichskriegshafenges. v. 19. Juni 1883 (RGBl. S. 105).

6. (Zusätzlich.) **Preußische Landgendarmerie.**

1. Selbständige Stellung der Gendarmerie. Die durch Kgl. Edikt v. 30. Juli 1812 geschaffene Gendarmerie ist auf Grund der V. v. 30. Dezember 1820 (PrGS. 1821, S. 1, MilGS. 1 163) in bezug auf Ökonomie, Disziplin, innere Verfassung militärisch organisiert, hinsichtlich ihrer Wirksamkeit der Zivilbehörde untergeordnet. Ein Bestandteil des Heeres ist sie von Anfang an nicht gewesen, auch nicht nach Erlaß des PrMStGB. v. 3. April 1845, trotz der Erwähnung in dessen Anlage, die Klassifikation der Militärpersonen betreffend. Vgl. Fleck, Komm. z. PrMStGB. § 48. Auch nach heutigem Recht gehört die Gendarmerie nicht zum Heere, weder zum aktiven Heere nach § 38 RMilG. v. 2. Mai 1874 (mit Ausnahme der Feldgendarmen, FelddienstO. v. 22. März 1908 Z. 568 und FeldgendO.) noch überhaupt zum Heere im Sinne des § 2 WehrG. v. 9. Nov. 1867. Die Angehörigen des Landgendarmeriekorps gelten aber als Personen des Soldatenstandes und unterstehen dem Militärstrafgesetzbuch und der Militärgerichtsbarkeit. Näheres Romen-Rissom, MStGB. EG. § 2 Anm. 3. Über die geschichtliche Entwicklung und den Waffengebrauch vgl. Wilsling, S. 30—75, über den Waffengebrauch s. Rissom, Notwehr S. 60—64.

2. Die gesetzliche Grundlage der Organisation bilden die Allerh. Verordnung über die anderweitige Organisation der Gendarmerie vom 30. Dez. 1820 (GesS. 1821 S. 1—10, MilGes. S. 1 163) und die Allerh. Dienstinstruktion für die Gendarmerie v. 30. Dez. 1820 (GesS. 1821 S. 10, MilGes. S. 1 169), für die neuen Landesteile die ziemlich gleichlautende Allerh. Verordnung über die Organisation der Landgendarmerie v. 23. Mai 1867 nebst Allerh. Dienstinstruktion v. 23. Mai 1867.

Auf dieser Grundlage, ergänzt durch zahlreiche neuere Gesetze, baut sich die vom Chef der Landgendarmerie erlassene Dienstvorschrift vom 20. Juli 1906 auf.

Danach ist die Gendarmerie ein besonderes, neben dem Heere stehendes, aber militärisch organisiertes Korps zur Erhaltung der öffentlichen Sicherheit, Ruhe und Ordnung. Vgl. auch Rotermund, Landgendarmerie, und Erhard, Gendarmerie in Bayern, in Dietz, Handwörterbuch, 1912.

3. Zwangsmittel.

a) im allgemeinen s. Dienstinstruktion v. 1906 Ziff. 143 bis 147, auf dem Gebiete der Verwaltungspolizei s. ebendort Ziff. 156, 157—166, 170, 171, 175, auf dem Gebiete der gerichtlichen Polizei s. Ziff. 191—237.

b) Waffengebrauch s. § 28 der Dienst-Instruktion von 1820 und Ziff. 148—154, 163 der Dienstinstr. von 1906. In letzterer wird auch das Preuß. Ges. vom 20. 3. 1837 über den Waffengebrauch, damit auch die Verordnung vom 17. 8. 1835, wenigstens bei Zusammenziehung zu einer geschlossenen Abteilung, als für die Gendarmerie maßgebend angesehen. Für die Anwendbarkeit der militärischen Regeln als selbstverständlich O. Mayer, D. Verwaltungsrecht, 1895, 1 372. Dagegen allerdings OVGer. 31 449. Für Bayern ist die Frage ausdrücklich geregelt.

In den übrigen Bundesstaaten gelten: Bayer. Ed. v. 10. 10. 1812, Art. 198 Abs. 1, V. v. 24. 7. 1868, §§ 74, 75, V. v. 12. 8. 1868, § 60, Z. 1, 3, V. v. 19. 12. 1868, § 52, Z. 1, 3; Württemb. Instr. v. 5. 6. 1823, §§ 48, 49, VO. v. 11. 10. 1898, § 36, Z. 1, 2; Sächs.

B. v. 18. 6. 1855, § 1; Bad. Ges. über die Gendarmerie v. 31. 12. 1831, § 36. Das Elf.-Lothr. Ges. v. 20. 6. 1872, § 2, erklärt die Regeln des militärischen Waffengebrauchs im Friedensdienste auf die Gendarmerie anwendbar.

Es bestimmen:

§ 28 Preuß. Dienstinstr. v. 30. Dez. 1820:

„Die Gendarmen sind befugt, auch ohne Autorisation der vorgesetzten Behörde, sich der ihnen anvertrauten Waffen zu bedienen:

a) wenn Gewalt oder Tätlichkeit gegen sie selbst, indem sie sich in Dienstfunktion befinden, ausgeübt wird;

b) wenn auf der Tat entdeckte Verbrecher, Diebe, Schleichhändler usw. ihren Aufforderungen, um zur nächsten Obrigkeit geführt zu werden, nicht ohne tätlichen Widerstand Folge leisten, und vielmehr sich der Beschlagnahme der Effekten oder Waren und Fuhrwerke, oder ihrer persönlichen Verhaftung mit offener Gewalt oder mit gefährlichen Drohungen widersetzen;

c) wenn sie auf andere Art den ihnen angewiesenen Posten nicht behaupten, oder die ihnen anvertrauten Personen nicht beschützen können.

Es liegt ihnen jedoch auch in diesen Fällen ob, die Waffen nur, nachdem gelinde Mittel fruchtlos angewandt sind, und nur, wenn der Widerstand so stark ist, daß er nicht anders als mit gewaffneter Hand überwunden werden kann, und auch dann noch mit möglichster Schonung zu gebrauchen."

Ziff. 149 der DV. v. 20. Juli 1906:

„Nach DI. vom 30. Dez. 1820 (§ 28) oder AV. vom 23. Mai 1867 (§ 18) und nach den MinErl. vom 21. April 1890, II 4920, und vom 22. Juni 1898, II 8952, kann der Gendarm in rechtmäßiger Ausübung des Dienstes, falls gelinde Mittel nicht ausreichen, von den ihm anvertrauten Waffen nach pflichtmäßigem Ermessen Gebrauch machen:

a) zur Brechung des Widerstands gegen die Staatsgewalt, solange bei einem solchen Gewalt gegen seine Person ausgeübt oder er selbst mit gegenwärtiger Gefahr für Leib oder Leben bedroht wird (§§ 113, 115, 116 RStGB.);

b) zur Verteidigung der seinem Schutz anvertrauten Personen, solange sie tätlich angegriffen oder mit gegenwärtiger Gefahr für Leib oder Leben bedroht werden (§ 53 RStGB.);

c) zur Vereitelung der Flucht eines ihm unter Anwendung von Gewalt gegen seine Person entspringenden Gefangenen, solange er dessen unmittelbare Spur verfolgt (§ 113 RStGB.).

Weiteres Z. 148, 150 fg. der BO., Delius, S. 123—132, Wilfling, S. 47—75, Rissom, Notwehr, S. 62—64, Reinhardt, S. 39, 44, 51.

II. Verwendung des Militärs zur Unterdrückung innerer Unruhen und zur Ausführung der Gesetze.

Bestimmungen der Vorschrift. II Z. 1—7.

1. Es ist zunächst Pflicht der Zivilbehörde, mit den ihr zu Gebote stehenden Polizeikräften innere Unruhen in ihrem Entstehen zu unterdrücken und die Ruhe zu erhalten, und so lange steht ihr allein die Anordnung und Leitung der Maßregeln zu. Das Militär hat hierbei nicht mitzuwirken und darf in diesen Fällen nicht zur bloßen Verstärkung der Polizei gebraucht werden.

2. Die Militär- und Zivilbehörden haben sich aber gegenseitig in wichtigen, die öffentliche Ruhe und Ordnung betreffenden Angelegenheiten Mitteilung zu machen.*) Wenn Verhältnisse und Vorgänge eintreten, welche die öffentliche Ruhe bedrohende Auftritte voraussehen lassen, so sind die Truppenbefehlshaber, insbesondere die Festungskommandanten und der älteste kommandierende Offizier im Orte verpflichtet, den Gang der Ereignisse zu beobachten und die nötigen Vorbereitungen zu treffen.

3. Wenn die Kräfte der Polizeigewalt zur Wiederherstellung der öffentlichen Ordnung nicht genügen und deshalb das Militär von einer Zivilbehörde an-

*) In welchen Fällen die Zivilbehörde der Militärbehörde derartige Mitteilungen zu machen hat, bestimmt allein die vorgesetzte Zivilbehörde.

gefordert und zu ihrem Beistand kommandiert wird, muß in der Anforderung der Zweck, zu dem die Hilfe des Militärs verlangt wird, so bestimmt angegeben sein, daß die nötigen militärischen Anordnungen mit Zuverlässigkeit getroffen werden können. Hierauf hat in einem jeden solchen Falle der Militärbefehlshaber, an den die Anforderung gerichtet ist, zu achten. Von dem Augenblick der Gewährung der militärischen Hilfe an geht die Anordnung und Leitung der zur Herstellung der öffentlichen Ordnung zu ergreifenden Maßregeln allein auf den Militärbefehlshaber über.

Die Anforderung ist — soweit nicht Garnisonorte in Frage kommen — in der Regel an das Generalkommando zu richten und nur in Fällen unmittelbarer Gefahr an den nächsten Militärbefehlshaber.

Ist zur Erfüllung der Anforderung die Entsendung eines Kommandos erforderlich, so geht ebenso auf den mit dessen Führung beauftragten Offizier usw. die selbständige Anordnung und Leitung der zu treffenden Maßnahmen über.

[Das zum Beistande einer Zivilbehörde kommandierte Militär und dessen Befehlshaber hat allein zu beurteilen, ob und in welcher Art zur Anwendung der Waffen geschritten werden soll.

Sobald die Ruhe wieder völlig hergestellt ist, treten Militär- und Zivilbehörde in ihr gewöhnliches Ressortverhältnis zurück.

4. Zur Unterdrückung innerer Unruhen und zur Ausführung der Gesetze ist das Militär auch ohne Anforderung der Zivilbehörde selbständig einzuschreiten befugt und verpflichtet:

a) in Gebieten, die in Kriegs- oder Belagerungszustand erklärt worden sind;

b) wenn in Fällen dringender Gefahr für die öffentliche Sicherheit die Zivilbehörde infolge äußerer Umstände außerstande ist, die Anforderung zu erlassen.

Auf die Wahrnehmung des richtigen Zeitpunktes zum Einschreiten hat der Militärbefehlshaber in jedem Falle sein besonderes Augenmerk zu richten. Sobald aber der Zeitpunkt des selbständigen Einschreitens für ihn gekommen ist, geht auch die Anordnung und Leitung der zur Wiederherstellung der öffentlichen Ordnung zu ergreifenden Maßregeln von ihm aus.

Außerdem bleibt auch in Zeiten innerer Unruhen das Militär zu selbständigem Einschreiten befugt und verpflichtet, soweit der eine oder der andere der oben unter I a—d und I 2 bezeichneten Fälle vorliegt.

5. Die jedesmaligen Umstände entscheiden über die Art der Truppenanwendung und des Waffengebrauchs. Ob der vorliegende Zweck nach dem pflichtmäßigen Urteile des Militärbefehlshabers durch ein Einschreiten mit der blanken Waffe erreicht werden kann, oder ob die Umstände so drohend erscheinen, daß die blanke Waffe voraussichtlich unzureichend, die alsbaldige Anwendung der Schußwaffe daher geboten ist, muß von dem handelnden Militärbefehlshaber jedesmal selbst erwogen werden.

Wird der bewaffneten Macht tätlicher Widerstand entgegengesetzt oder sogar ein Angriff auf dieselbe mit Waffen oder anderen gefährlichen Werkzeugen unternommen, wird mit Steinen oder anderen Gegenständen nach derselben geworfen, so ist die bewaffnete Macht auf Anordnung ihres Befehlshabers von der Schußwaffe Gebrauch zu machen befugt.

Die Hauptsache in jedem Falle bleibt die schnelle und sichere Erreichung des vorliegenden Zweckes. Die Mannszucht der Truppen muß dafür bürgen, daß bei dem Einschreiten des Militärs keine Ausschreitungen vorkommen.

6. Handelt es sich um die Zerstreuung eines Volksauflaufs oder Tumults, so ist folgendes genau zu beachten:

Der einschreitende Militärbefehlshaber hat vor der versammelten Volksmenge einen Trommelwirbel oder ein Horn- oder ein Trompetensignal geben zu lassen und dann etwa mit folgenden Worten die Versammlung mit lauter Stimme zum Auseinandergehen aufzufordern:

„Ich fordere die hier Versammelten auf, ruhig auseinander zu gehen, da ich sonst von den Waffen Gebrauch machen muß."

Nach kurzer Pause sind Signal und Aufforderung zu wiederholen und wieder nach kurzer Pause ist nach dem dritten Trommelwirbel, Horn- oder Trompetensignal die dritte, letzte Aufforderung mit lauter Stimme etwa mit folgenden Worten zu erlassen:

„Ich fordere die hier Versammelten zum dritten und letzten Male auf, ruhig auseinander zu gehen, da ich sonst sofort von den Waffen Gebrauch machen muß."

Ist kein Tambour usw. vorhanden, so bedarf es nur der dreimaligen Aufforderung des Kommandierenden in der eben bezeichneten Art.

Wird der dritten Aufforderung nicht sofort von der versammelten Volksmenge Folge geleistet, so erfolgt alsdann ohne Verzug das Kommando zum Vorgehen und zu dem von dem Kommandierenden näher zu bestimmenden Waffengebrauche.

Wird aber das Militär während der Aufforderungen zum Auseinandergehen selbst tätlich angegriffen, so ist sofort einzuschreiten (vgl. oben I 1, a).

7. Über jede Inanspruchnahme und jedes Einschreiten der bewaffneten Macht ist von dem Militärbefehlshaber auf dem Dienstweg eingehend zu berichten.

Der Berichtende hat über folgende Tatsachen Auskunft zu geben:

Über die Veranlassung seines Einschreitens, über den an den Haufen erlassenen Befehl, ob er ihn zu wiederholen genötigt gewesen und die Wirkung desselben; ob eine tätliche Widersetzlichkeit stattgefunden, worin sie bestanden, ob von seiten der Aufrührer ein Angriff mit Waffen oder anderen Werkzeugen erfolgt ist, ob mit Steinen oder anderen Gegenständen geworfen worden; ob und welchen Gebrauch er von den Waffen, insbesondere von der Schußwaffe, gemacht, und wie er den Auflauf gedämpft hat; endlich ob und welche Beschädigungen an Personen oder Sachen erfolgt sind.

Sind mehrere Befehlshaber in Tätigkeit gewesen, so geht die Darstellung von dem obersten von ihnen aus; die Berichte der übrigen werden beigelegt, insoweit dieselben der Zeit oder dem Orte nach selbständig gehandelt haben. Die nähere Bezeichnung der Beschädigungen an Personen und Sachen, soweit es nötig ist, erfolgt von der Polizeibehörde, wird dem Befehlshaber zugestellt und bildet einen Teil seiner Darstellung.

Vorbemerkung.

1. Verhältnis zum Abschnitt I. Die Art der Trennung von Abschnitt I und II hat geschichtliche Gründe. Der Abschnitt I schließt sich — deutlicher noch in den früheren Vorschriften, welche allein den Fall I Z. 1 behandeln, — an das Gesetz vom 20. März 1837 an, der Abschnitt II dagegen an die V. v. 17. Aug. 1835.

Die beiden Überschriften von Abschnitt I und II beruhen auf verschiedenen Einteilungsgründen. Bei Abschnitt I wird der Waffengebrauch aus eigenem Recht, im Abschnitt II das Auftreten aus fremdem Recht behandelt. Der Waffengebrauch des Militärs als solcher beruht aber eigentlich immer auf eigenem Recht, auch im Fall des Abschnitts II (s. dort Ziff. 3). Andererseits das Auftreten kann auch in Fällen des Abschnitts I auf Ersuchen erfolgen. Vgl. dazu I Z. 1 Anm. 5. Hiernach schneiden sich die Kreise. Man kann — vom Fall I Z. 3 abgesehen — einteilen:

a) Dienstliches Auftreten im eigenen Interesse:

α) Fall I Z. 2. Durchsetzung des Dienstzwecks.

β) Unterfall von α), I Z. 1. Auftreten bei Kommandos.

b) Dienstliches Auftreten im fremden Interesse, also in Angelegenheiten, die das Militär unmittelbar nichts angehen:

α) Fall I Z. 1. Auftreten bei Kommandos auf Ersuchen,

β) Unterfall von α), Abschn. II, Auftreten bei inneren Unruhen, auf Ersuchen (oder in stillschweigender Vertretung) der Zivilbehörde.

2. Über die rechtlichen Grundlagen des Abschnitts II sind die Vorbemerkungen 2 und 4 zur ersten Abteilung (S. 15) zu vergleichen. Eingehend auch Reinhardt, S. 25 fg., 53.

3. Einteilung des Abschnitts II.

a) Voraussetzungen des Einschreitens.

b) Art des Vorgehens,

α) überhaupt,

β) Zerstreuung von Aufläufen.

c) Bericht.

4. Betr. Bayern s. das unten (S. 115 ff.) abgedruckte Gesetz vom 4. Mai 1851.

5. Wegen der übrigen Bundesstaaten und Elsaß-Lothringens vgl. S. 30 Vorbem. 4 zur ersten Abteilung, und unten III Z. 7, Anm. 5.

Vorrang der Zivilbehörde.

1. Es ist zunächst Pflicht der Zivilbehörde, mit den ihr zu Gebote stehenden Polizeikräften innere Unruhen in ihrem Entstehen zu unterdrücken und die Ruhe zu erhalten, und so lange steht ihr allein die Anordnung und Leitung der Maßregeln zu. Das Militär hat hierbei nicht mitzuwirken und darf in diesen Fällen nicht zur bloßen Verstärkung der Polizei gebraucht werden.

1. Grundlage. Das „soldatische Mitregiment in allen Polizeisachen", welches noch im 18. Jahrhundert in Preußen bestand (Anschütz, VArch. 1 413, PrVerf. 1912, S. 564), wurde schon um die Wende des Jahrhunderts, so in den Verordnungen von 1798 und 1820 (S. 15 u. 16, Vorbem. 2 der ersten Abteilung) mehr und mehr verlassen. Die PrVerf. hat dann in Art. 36 den Grundsatz des Vorranges der Zivilbehörde in der Aufrechterhaltung der Ordnung aufgestellt.

2. Bloße Verstärkung der Polizei ist das Militär nie.

Gegenseitige Mitteilungen.

2. Die Militär- und Zivilbehörden haben sich aber gegenseitig in wichtigen, die öffentliche Ruhe und

Ordnung betreffenden Angelegenheiten Mitteilung zu machen.*) Wenn Verhältnisse und Vorgänge eintreten, welche die öffentliche Ruhe bedrohende Auftritte voraussehen lassen, so sind die Truppenbefehlshaber, insbesondere die Festungskommandanten und der älteste kommandierende Offizier im Orte verpflichtet, den Gang der Ereignisse zu beobachten und die nötigen Vorbereitungen zu treffen.

1. Grundlage: AKO. v. 29. Okt. 1819 und v. 17. Okt. 1820.

2. Die Beobachtung bezweckt genaue Kenntnis des Verhaltens der Aufständischen. Dauerndes gutes Einvernehmen mit der örtlichen Zivilbehörde wird die Kenntnis fördern. Persönliche Rangstreitigkeiten usw. müssen ausgeschlossen sein.

3. Die Vorbereitungen umfassen namentlich Belehrung und Bereitstellung von Truppen, Beschaffung von Waffen, Munition und Verpflegung.

Einschreiten auf Anforderung.

3. Wenn die Kräfte der Polizeigewalt zur Wiederherstellung der öffentlichen Ordnung nicht genügen und deshalb das Militär von einer Zivilbehörde angefordert und zu ihrem Beistand kommandiert wird, muß in der Anforderung der Zweck, zu dem die Hilfe des Militärs verlangt wird, so bestimmt angegeben sein, daß die nötigen militärischen Anordnungen mit Zuverlässigkeit getroffen werden können. Hierauf hat in einem jeden solchen Falle der Militärbefehlshaber, an den die Anforderung gerichtet ist, zu achten. Von dem Augenblick der Gewährung der militärischen Hilfe

*) In welchen Fällen die Zivilbehörde der Militärbehörde derartige Mitteilung zu machen hat, bestimmt allein die vorgesetzte Zivilbehörde.

an geht die Anordnung und Leitung der zur Herstellung der öffentlichen Ordnung zu ergreifenden Maßregeln allein auf den Militärbefehlshaber über.

Die Anforderung ist — soweit nicht Garnisonorte in Frage kommen — in der Regel an das Generalkommando zu richten und nur in Fällen unmittelbarer Gefahr an den nächsten Militärbefehlshaber.

Ist zur Erfüllung der Anforderung die Entsendung eines Kommandos erforderlich, so geht ebenso auf den mit dessen Führung beauftragten Offizier usw. die selbständige Anordnung und Leitung der zu treffenden Maßnahmen über.

Das zum Beistande einer Zivilbehörde kommandierte Militär und dessen Befehlshaber hat allein zu beurteilen, ob und in welcher Art zur Anwendung der Waffen geschritten werden soll.

Sobald die Ruhe wieder völlig hergestellt ist, treten Militär- und Zivilbehörde in ihr gewöhnliches Ressortverhältnis zurück.

1. Grundlage: V. v. 30. Dez. 1798 und v. 17. Okt. 1820, § 4 V. v. 17. Aug. 1835, § 8 Ges. v. 20. März 1837. Geschichtliches bei Wilfling, S. 224 fg.

2. Recht und Zuständigkeit zum Ersuchen. Vgl. die Kommentare zu Art. 36 PrVerf.

Hauptfälle: a) § 48 Z. 3 der V. v. 26. Dez. 1808, erneuert unterm 23. Okt. 1817, GesS. 1817 S. 282) und Gesch. Anw. v. 31. Dez. 1825, Abschn. II A (Kamptz, Annalen 9 822). Das Ersuchen geht grundsätzlich vom Oberpräsidenten, bei Gefahr im Verzuge vom Regierungspräsidenten, an das Generalkommando des betreffenden Armeekorps. Vgl. die Kommentare zu Art. 36 PreußVerf.

b) Durch § 4 der V. v. 17. Aug. 1835 sind die Ortspolizeibehörden bei öffentlichen Aufläufen und Tumulten ermächtigt, die Hülfe des Militärs in Anspruch zu nehmen (Abs. 2: „in Fällen unmittelbarer Gefahr").

c) Über Hilfeleistung bei Feuersgefahr s. AKO. v. 29. August 1818 (GesS. S. 155), überhaupt bei öffentlichen Notständen s. AKO. v. 6. Jan. 1899 (ABBl. 1899 S. 28).

3. Das Requisitionsrecht der Bundesfürsten und der Senate der Freien Städte gemäß Art. 66 Abs. 2 der Reichsverf. ist in Vorbem. 4 zur ersten Abt. (S. 31) erwähnt.

4. Dort ist auch das besondere Recht der Bundesstaaten außer Preußen dargestellt. Vgl. auch unten III Z. 7, Anm. 5.

5. Der Befehlshaber des Kommandos entscheidet unabhängig von der Zivilbehörde:

a) über die nunmehr vom Militär und den Polizeiorganen zu treffenden Maßnahmen,

b) über den Waffengebrauch.

Dadurch wird nicht ausgeschlossen, daß er mit der mit den örtlichen Verhältnissen meist näher vertrauten Ortsbehörde dauernde Fühlung behält.

Einschreiten ohne Anforderung.

4. Zur Unterdrückung innerer Unruhen und zur Ausführung der Gesetze ist das Militär auch ohne Anforderung der Zivilbehörde selbständig einzuschreiten befugt und verpflichtet:

a) in Gebieten, die in Kriegs- oder Belagerungszustand erklärt worden sind;

b) wenn in Fällen dringender Gefahr für die öffentliche Sicherheit die Zivilbehörde infolge äußerer Umstände außerstande ist, die Anforderung zu erlassen.

Auf die Wahrnehmung des richtigen Zeitpunktes zum Einschreiten hat der Militärbefehlshaber in jedem

Falle sein besonderes Augenmerk zu richten. Sobald aber der Zeitpunkt des selbständigen Einschreitens für ihn gekommen ist, geht auch die Anordnung und Leitung der zur Wiederherstellung der öffentlichen Ordnung zu ergreifenden Maßregeln von ihm aus.

Außerdem bleibt auch in Zeiten innerer Unruhen das Militär zu selbständigem Einschreiten befugt und verpflichtet, soweit der eine oder der andere der oben unter I a—d und I 2 bezeichneten Fälle vorliegt.

1. Grundlage: zu a) s. Abschnitt III, zu b) AKO. vom 17. Okt. 1820.

2. Für den Fall des Kriegs- oder Belagerungszustandes (a) ist das Recht und ebenso die Verpflichtung des Militärs zum selbständigen Einschreiten selbstverständlich, denn dieser Zustand besteht gerade in der Übernahme der gesamten vollziehenden Gewalt durch das Militär.

3. Im Falle b sind Voraussetzung für das selbständige Einschreiten des Militärs

a) dringende Gefahr für die öffentliche Sicherheit;

b) Unfähigkeit der Zivilbehörde zur Anforderung infolge äußerer Umstände.

Beide Voraussetzungen müssen gleichzeitig vorliegen.

Zu a. „Dringende Gefahr" liegt nicht nur dann vor, wenn der Eintritt der Störung der öffentlichen Sicherheit unmittelbar bevorsteht, sondern auch dann, wenn die Störung mit höchster Wahrscheinlichkeit zu erwarten ist.

Zu b. Die Ziffer handelt vom Rechte des Militärs zum selbständigen Einschreiten beim sogen. „staatlichen Notstande".

„Für diese Bestimmung war," so heißt es dazu halbamtlich in der Norddeutschen Allgemeinen Zeitung vom 9. April 1914, „die Erwägung maßgebend, daß auch in den Bundesstaaten, in denen gesetzlich das Einschreiten des Militärs zur Unterdrückung innerer

Unruhen von einem Ersuchen der Zivilbehörde abhängig gemacht ist, das Vorhandensein einer Zivilbehörde und die Möglichkeit für sie, ein Ersuchen zu stellen, zur Erfüllung dieser gesetzlichen Bedingung notwendig ist, daß aber — wo diese Voraussetzung nicht erfüllt werden kann, weil die Zivilbehörde infolge äußerer Umstände außerstande ist, die Anforderung zu erlassen — ein gesetzliches Hindernis für das selbständige Einschreiten des Militärs nicht besteht, sofern dies in Fällen dringender Gefahr für die öffentliche Sicherheit erforderlich ist."

Dieses Recht des Militärs ist unbestreitbar. „Dem Militär," so führte der Reichskanzler in der Reichstagssitzung vom 23. Januar 1914 zutreffend aus, „wird das Recht zugestanden werden müssen, auch ohne Requisition der Zivilbehörde selbständig einzugreifen, wenn die Zivilbehörde überwältigt oder aus anderen Gründen außerstand gesetzt worden ist, die Requisition zu erlassen. Dieses Recht, das auch von der Staatsrechtslehre ausdrücklich anerkannt wird, beruht auf dem Gedanken, daß der Staat seine Existenz selbst in Frage stellen würde, der auf das Recht verzichten wollte, zur Überwindung einer dem Bestand des Staates, den Grundlagen des staatlichen Lebens drohenden, auf eine andere Weise nicht abwendbaren Gefahr mit allen Mitteln entgegenzutreten und zu seinem eigenen Schutze die ihm zur Verfügung stehende Kraft der bewaffneten Macht zu verwenden."

Besonders zu betonen ist, daß nach der neuen Vorschrift das Militär selbständig und ohne Anforderung seitens der Zivilbehörde nur dann einschreiten darf, wenn diese „infolge äußerer Umstände außerstande ist", die Anforderung zu erlassen, d. h. wenn die Zivilbehörde sich in einer physischen Unmöglichkeit befindet, Militär zu rufen, oder durch Drohung und dergleichen daran gehindert wird. Hierdurch ist die Befugnis des Militärs zum selbständigen Einschreiten im Falle des staatlichen Notstandes gegenüber dem früheren Zustande eingeschränkt. Nach der Kabinettsorder vom 17. Okt. 1820 war der Militärbefehlshaber zum selbständigen Einschreiten auch dann berechtigt, „wenn er nach Pflicht und Gewissen findet, daß die Zivilbehörde mit der Requisition um Militärbeistand zu lange zögert". Diese Bestimmung ist in die neue Vorschrift nicht mitaufgenommen. Bloßes „Zögern" der Zivilbehörde in der Anforderung gibt demnach dem Militär kein Recht mehr zum selbständigen Einschreiten, mag das Zögern bewußt oder fahrlässig erfolgen. Solche „äußere Umstände", die die Zivilbehörde außerstand setzen, die Anforderung zu erlassen, und die das Militär zum selbständigen Einschreiten berechtigen würden, liegen z. B. vor, wenn die behördlichen Organe getötet, gefangen oder belagert sind, wenn die Zivilbehörde in der Gewalt von Aufständischen oder vom Verkehr mit der Außenwelt abgeschnitten und dadurch an der Anforderung militärischer Hilfe verhindert ist, überhaupt allgemein, wenn sie gegen ihren Willen die Anforderung nicht erlassen kann. Gleiches gilt natürlich für den seltenen Fall, daß eine „Behörde" überhaupt nicht mehr da ist.

4. Das Recht des Militärs zum dienstlichen Einschreiten in Fällen, die das Militär unmittelbar berühren, mag es sich um einen Auflauf handeln oder um etwas anderes, gemäß I Z. 1 und 2 unter den dort aufgestellten Voraussetzungen, bleibt natürlich bestehen und wird durch die neue Vorschrift der Z. 4b nicht berührt. Also wenn infolge der inneren Unruhen

a) die dienstliche Tätigkeit des Militärs gestört, oder
b) ein Angriff auf Militär oder militärisches Eigentum unternommen wird,

schreitet das Militär nach I Z. 2 ein, und nach I Z. 1 und 2 gegebenenfalls auch mit der Waffe. Dies ist im Schlußsatz der Vorschrift ausdrücklich hervorgehoben.

Art des Vorgehens.

5. Die jedesmaligen Umstände entscheiden über die Art der Truppenanwendung und des Waffengebrauchs.

Ob der vorliegende Zweck nach dem pflichtmäßigen Urteile des Militärbefehlshabers durch ein Einschreiten mit der blanken Waffe erreicht werden kann, oder ob die Umstände so drohend erscheinen, daß die blanke Waffe voraussichtlich unzureichend, die alsbaldige Anwendung der Schußwaffe daher geboten ist, muß von dem handelnden Militärbefehlshaber jedesmal selbst erwogen werden.

Wird der bewaffneten Macht tätlicher Widerstand entgegengesetzt oder sogar ein Angriff auf dieselbe mit Waffen oder anderen gefährlichen Werkzeugen unternommen, wird mit Steinen oder anderen Gegenständen nach derselben geworfen, so ist die bewaffnete Macht auf Anordnung ihres Befehlshabers von der Schußwaffe Gebrauch zu machen befugt.

Die Hauptsache in jedem Falle bleibt die schnelle und sichere Erreichung des vorliegenden Zweckes. Die Mannszucht der Truppen muß dafür bürgen, daß bei dem Einschreiten des Militärs keine Ausschreitungen vorkommen.

1. Grundlage: Abs. 1: § 7 Ges. v. 20. März 1837, Abs. 2: § 9 V. v. 17. Aug. 1835.

2. Das Einschreiten braucht nicht immer notwendig den Waffengebrauch zur Folge zu haben. Oft wird schon das Auftreten des Militärs den Aufständischen den Ernst der Lage zum Bewußtsein bringen und sie zur Ruhe und Ordnung zurückführen. Räumungen von Straßen und Plätzen sowie Festnahme werden gelegentlich auch ohne Waffenanwendung erfolgen können.

3. Muß aber zur Waffe gegriffen werden, so ist entschiedener Gebrauch das sicherste und meist auch, da halbe Maßnahmen nur aufreizen, das im Erfolg mildeste Mittel zum Erreichen des Zwecks. Die Aufrechterhaltung der soldatischen

Waffenehre und des Ansehens der Staatsgewalt fällt damit zusammen.

4. Zu Abs. 2. Der sofortige Gebrauch der Schußwaffe in den dort angegebenen Fällen ist in der Schwere des Angriffs oder Widerstandes begründet.

5. Zu Abs. 3. Der Befehlshaber wird darauf hingewiesen, sich stets den Zweck, zu dem er handelt, vor Augen zu halten. Der Grund der Unruhen, z. B. Streik, politische Erregung, wird meist für die Art des Vorgehens von Bedeutung sein.

6. „Daß beim Gebrauch der Waffen das Militär innerhalb der Schranken seiner Befugnisse gehandelt habe, wird vermutet, bis das Gegenteil erwiesen ist." Diese Vorschrift in § 10 des Ges. v. 20. März 1837 besteht auch heute noch zu Recht. Sie enthält eine positive Bestimmung über die Beweiswürdigung, eine gesetzliche Vermutung für die Rechtmäßigkeit der Handlungen des Militärs. An der Gültigkeit dieser Bestimmung, so führt Amtsrichter v. Katte (Kreuzzeitung v. 5. Jan. 1914) zutreffend aus, kann trotz des Grundsatzes der freien richterlichen Beweiswürdigung kein Zweifel bestehen. Ebenso wie z. B. die gesetzlichen Bestimmungen über die Beweiskraft öffentlicher Urkunden (§§ 415, 417 ZPO.) einen Eingriff in die freie Beweiswürdigung des Richters in Zivilprozessen enthalten, ist das Gesetz auch befugt, den alten Satz ‚in dubio pro reo' in einem Sonderfalle zur positiven gesetzlichen Vorschrift zu erheben und den Strafrichter an eine positive Beweisregel zu binden. Daß die hier gegebene gesetzliche Beweisregel praktisch von weittragender Bedeutung ist, kann keinem Zweifel unterliegen. Der Mann, der z. B. einen Stein schon zum Wurfe erhoben hat, wird in sehr vielen Fällen noch behaupten, daß er nicht die Absicht gehabt habe, zu werfen. Wenn man dem Militär, das schon dann, wenn es mit einem Angriff bedroht ist, die Waffe gebrauchen kann, den Beweis aufbürden wollte, daß das Publikum den Angriff wirklich beabsichtigt hätte, so würde man in sehr vielen Fällen die entschlossene Aktion des Militärs durch die Rücksicht auf spätere Anklagen lahm legen. Man würde eine Behörde, die in Ausübung staatlicher Hoheitsrechte gehandelt hat, ohne jeden

zwingenden Grund in die Rolle des Angeklagten drängen. Wie das Gesetz präsumiert, daß eine von einer Behörde errichtete Urkunde einen wahrheitsgemäßen Inhalt hat, so muß es auch bis zum Beweise des Gegenteils präsumieren, daß eine Behörde bei einer Amtshandlung das erforderliche Maß eingehalten hat. Die gesetzliche Regelung entspricht der Stellung, die einer amtlich handelnden Staatsbehörde zukommt, sie entspricht dem Vertrauen, das wir in die Gewissenhaftigkeit unseres Militärs stets gehabt haben und auch in Zukunft weiter haben werden.

Zerstreuung von Aufläufen.

6. Handelt es sich um die Zerstreuung eines Volksauflaufs oder Tumults, so ist folgendes genau zu beachten:

Der einschreitende Militärbefehlshaber hat vor der versammelten Volksmenge einen Trommelwirbel oder ein Horn- oder ein Trompetensignal geben zu lassen und dann etwa mit folgenden Worten die Versammlung mit lauter Stimme zum Auseinandergehen aufzufordern:

„Ich fordere die hier Versammelten auf, ruhig auseinander zu gehen, da ich sonst von den Waffen Gebrauch machen muß."

Nach kurzer Pause sind Signal und Aufforderung zu wiederholen und wieder nach kurzer Pause ist nach dem dritten Trommelwirbel, Horn- oder Trompetensignal die dritte, letzte Aufforderung mit lauter Stimme etwa mit folgenden Worten zu erlassen:

„Ich fordere die hier Versammelten zum dritten und letzten Male auf, ruhig auseinander zu gehen, da ich sonst sofort von den Waffen Gebrauch machen muß."

Ist kein Tambour usw. vorhanden, so bedarf es nur der dreimaligen Aufforderung des Kommandierenden in der eben bezeichneten Art.

Wird der dritten Aufforderung nicht sofort von der versammelten Volksmenge Folge geleistet, so erfolgt alsdann ohne Verzug das Kommando zum Vorgehen und zu dem von dem Kommandierenden näher zu bestimmenden Waffengebrauche.

Wird aber das Militär während der Aufforderungen zum Auseinandergehen selbst tätlich angegriffen, so ist sofort einzuschreiten (vgl. oben I. 1, a).

1. Grundlage: § 8 der V. v. 17. Aug. 1835 (nach dem Vorbild der V. v. 30. Dez. 1798).

2. Auf die Androhung des sofortigen Waffengebrauchs nach der dritten erfolglosen Ankündigung ist bei der dritten Aufforderung ausdrücklich hinzuweisen. „Sonst" soll heißen: Falls der dritten Aufforderung nicht sofort Folge gegeben wird.

3. Über die grundsätzliche Unangemessenheit von Schreckschüssen und Flachschlagen s. I Z. 1 Abs. 3 Anm. 3 (S. 56, 57).

4. Strafen des Auflaufs § 116 RStGB., des Widerstandes Einzelner § 113 das., des Aufruhrs § 115 das., der Gefangenenbefreiung § 120 das., des Landfriedensbruchs § 125 das., der Bildung bewaffneter Haufen § 127 das., der Beschädigung amtlicher Bekanntmachungen § 134 das., der Verletzung inländischer Hoheitszeichen § 135 das.

Bericht.

7. Über jede Inanspruchnahme und jedes Einschreiten der bewaffneten Macht ist von dem Militärbefehlshaber auf dem Dienstweg eingehend zu berichten.

Der Berichtende hat über folgende Tatsachen Auskunft zu geben:

Über die Veranlassung seines Einschreitens, über den an den Haufen erlassenen Befehl, ob er ihn zu wiederholen genötigt gewesen und die Wirkung desselben; ob eine tätliche Widersetzlichkeit stattgefunden, worin sie bestanden, ob von seiten der Aufrührer ein Angriff mit Waffen oder anderen Werkzeugen erfolgt ist, ob mit Steinen oder anderen Gegenständen geworfen worden; ob und welchen Gebrauch er von den Waffen, insbesondere von der Schußwaffe, gemacht, und wie er den Auflauf gedämpft hat; endlich ob und welche Beschädigungen an Personen oder Sachen erfolgt sind.

Sind mehrere Befehlshaber in Tätigkeit gewesen, so geht die Darstellung von dem obersten von ihnen aus; die Berichte der übrigen werden beigelegt, insoweit dieselben der Zeit oder dem Orte nach selbständig gehandelt haben. Die nähere Bezeichnung der Beschädigungen an Personen und Sachen, soweit es nötig ist, erfolgt von der Polizeibehörde, wird dem Befehlshaber zugestellt und bildet einen Teil seiner Darstellung.

1. Grundlage: § 10 der V. v. 17. Aug. 1835.

2. Die der genannten Verordnung entlehnte Fassung soll nicht ausschließen, daß auch über alle anderen zur Ergreifung des Zwecks angewandten Mittel eingehend berichtet wird.

8. (Zusätzlich.) **Haftpflicht.**

1. Die strafrechtliche Verantwortung der einschreitenden Militärpersonen ist bei den einzelnen Bestimmungen erörtert. Hier sei bemerkt, daß die Erhebung des Konfliktes nach dem Preuß. Ges. v. 13. Febr. 1854 gemäß dessen § 6 gegen Personen des Soldatenstandes nur dann Anwendung

findet, „wenn sie bei anderen als Militärgerichten belangt werden". Die Strafgerichtsbarkeit steht aber grundsätzlich den militärischen Kommandostellen zu.

2. Vermögensrechtliche Haftung.

a) Die Haftung der Einzelpersonen. In Betracht kommt in erster Linie:

§ 823 BGB. „Wer vorsätzlich oder fahrlässig das Leben, den Körper, die Gesundheit, die Freiheit, das Eigentum oder ein sonstiges Recht eines anderen widerrechtlich verletzt, ist dem anderen zum Ersatze des daraus entstehenden Schadens verpflichtet."

Die Bestimmungen des Absatz 2 § 823 und des § 839 BGB. werden kaum zur Anwendung kommen. Vgl. Reinhardt, S. 91, Endemann, Lehrb. d. bürg. Rechts, 9. Aufl., 1 127 Anm. 2.

Bezüglich des Schadenersatzes kommen die allgemeinen Regeln der §§ 249 ff. und die Sondervorschriften der §§ 842 ff. in Frage.

Handeln auf Befehl schließt grundsätzlich die Haftung des Handelnden aus. Dafür tritt die Haftung des den Befehl Erteilenden unter obiger Voraussetzung ein. Näheres Otto Mayer, D. Verwaltungsrecht 1 226—231, Reinhardt, S. 90—94, Dietz, Handwörterbuch, Art. „Haftung der Militärpersonen" von Jacquin.

Manche Bundesstaaten haben gesetzliche Bestimmungen, nach denen die Verwaltungsbehörden bei Inanspruchnahme von öffentlichen Beamten und Militärpersonen wegen dienstlicher Handlungen verlangen können, daß nicht die ordentlichen Gerichte, sondern der oberste Verwaltungsgerichtshof (oder das Reichsgericht) die Frage, ob der Verklagte sich einer Überschreitung seiner Amts- oder Dienstbefugnisse schuldig gemacht hat, entscheidet. Diese landesgesetzlichen Bestimmungen sind in § 11 des EG. z. GVG. ausdrücklich aufrecht erhalten. Die Vorentscheidung wird vom obersten Verwaltungsgerichtshof getroffen in Preußen, Bayern, Baden und Hessen, vom Reichsgericht für Mecklenburg-Schwerin, Mecklenburg-Strelitz und für Elsaß-Lothringen. Für die übrigen Bundesstaaten bestehen ähnliche beschränkende Bestimmungen nicht. Näheres hierzu s. Gravenhorst,

Der sogen. Konflikt bei gerichtlicher Verfolgung von Beamten — Heft 15 der Abhandlungen aus dem Staats- und Verwaltungsrecht von Brie und Fleischmann — Breslau 1908, S. 69 ff., 120 124 ff., 202 ff., 214 ff.

Maßgebend dürfte nicht das Gesetz des Ortes sein, sondern das Gesetz des Staates, dessen Hoheit ausgeübt wird (gl. Ans. Arndt, „Tag" v. 30. Dez. 1913), für Truppen des preußischen Kontingents also das Preuß. Ges. v. 13. Febr. 1854 betr. die Konflikte bei gerichtlichen Verfolgungen wegen Amts- und Diensthandlungen (GesS. 1854, S. 86, MilGes. S. 5 304). In Betracht kommt hier namentlich die Vorschrift des § 6:

„Das gegenwärtige Gesetz findet auch Anwendung, wenn Personen des Soldatenstandes wegen Handlungen, welche von ihnen bei Ausübung oder in Veranlassung der Ausübung ihrer Dienstverrichtungen vorgenommen sind, oder wegen Unterlassung ihrer Dienstverrichtungen bei anderen als Militärgerichten belangt werden. — In diesen Fällen steht dem vorgesetzten Divisions-Kommandeur oder Kommandierenden General die Befugnis zu, den Konflikt zu erheben. Die Verrichtungen des Gerichtshofes zur Entscheidung der Kompetenz-Konflikte werden durch das Militär-Justizdepartement ausgeübt, welches unter Mitwirkung dreier höherer Offiziere, die von dem Könige jedesmal auf drei Jahre bezeichnet werden, zu entscheiden hat. Die Beschlußnahme erfolgt auf den schriftlichen Vortrag zweier rechtsverständiger Referenten, deren einer von dem Justizminister, der andere von dem Kriegsminister ernannt wird."

Vgl. hierzu Gravenhorst, Der sogen. Konflikt, S. 160.

Das hier erwähnte, als zur Vorentscheidung berufene „Militär-Justizdepartement" besteht auch heute zu Recht und übt auch tatsächlich seine Tätigkeit aus. Ebenso Jahrbuch d. preuß. Gerichtsverfassung 1902 S. 2; Löwe-Hellweg, StrPO. § 11 GVG. Anm. 4a; Arndt, PrVerf. Art. 97; Brauchitsch, Neue Preuß. Verwaltungsgesetze, 21. Aufl., Bd. I S. 802 Anm. 31. And. Mein. ausführlich Jastrow in Verwalt.-Archiv Bd. 4 S. 336

bis 363; Gravenhorst, Der sogen. Konflikt (Breslau 1908), S. 163. Vgl. auch Laband, Staatsr. d. DR., 4. Aufl., 3 363; Georg Meyer, Lehrb. d. D. Staatsrechtes, 5. Aufl., S. 596—599; Wilfling, S. 274 bis 280; Reinhardt, S. 93. Auch für Gendarmerie offiziere ist gegebenenfalls die Vorentscheidung durch das Militär-Justizdepartement zu treffen, dagegen nicht für Gendarmen, für diese würde die Vorentscheidung vom Oberverwaltungsgericht zu treffen sein. Vgl. JustMBl. 1858 S. 91 ff.; Entsch. d. OVG. Bd. 31 S. 438 ff.; Gravenhorst a. a. O. S. 157 ff. u. 160 ff.

Nach KrMin. v. 10. Nov. 1911 hat das Ges. v. 13. Febr. 1854 (s. S. 10 Anm. 1) nur für den Bereich der Preußischen Monarchie Geltung, also nicht gegenüber außerpreußischen Gerichten.

Die Erhebung des Konflikts erfolgt seitens des vorgesetzten Divisionskommandeurs oder des Kommandierenden Generals gegenüber dem Gericht, indem diesem der über die Konfliktserhebung seitens des bezeichneten Befehlshabers abzufassende motivierte Beschluß mit dem in § 4 des Gesetzes v. 8. April 1847 (auf den § 1 des Ges. v. 13. Febr. 1854 verweist) weiter bezeichneten Inhalte übersandt wird. Dieser Beschluß muß eine eingehende, durch Angabe von Tatsachen und Beweismitteln (Gutachten) gestützte Widerlegung der Klagebehauptungen enthalten. Der Konflikt soll nur, wenn er zweifellos begründet ist, erhoben werden, und möglichst erst nach Abschluß der gerichtlichen Ermittlungen, gegebenenfalls erst in der zweiten Instanz.

b) Haftung des Reichsmilitärfiskus. Es gilt das Reichsges. v. 22. Mai 1910 über die Haftung des Reichs für seine Beamten (RGesBl. S. 798), namentlich dessen § 1:

„Verletzt ein Reichsbeamter (§ 1 RBG.) in Ausübung der ihm anvertrauten öffentlichen Gewalt vorsätzlich oder fahrlässig die ihm einem Dritten gegenüber obliegende Amtspflicht, so trifft die im § 839 BGB. bestimmte Verantwortlichkeit an Stelle des Beamten das Reich.

Abs. 2 — —

Abs. 3. Personen des Soldatenstandes, mit Ausnahme derjenigen des Kgl. Bayerischen Kontingents, stehen im Sinne dieses Gesetzes den Reichsbeamten gleich."

Wer zu den „Personen des Soldatenstandes" gehört, das ergibt sich aus dem zu § 5 des MStGB. ergangenen Verzeichnis. Die Militärbeamten gehören nicht dazu.

Ob allerdings rechtswidriger Waffengebrauch als „Verletzung der einem Dritten gegenüber obliegenden Dienstpflicht" aufgefaßt werden kann, erscheint sehr zweifelhaft. Vgl. Reinhardt, S. 90; Endemann, Lehrb. d. bürg. R., 9. Aufl., 1 1271 Anm. 2.

Näheres in Dietz Handwörterbuch, Art. Militärfiskus (S. 496 B) von Jacquin. Dort auch weiteres Schrifttum. S. ferner Goltd. Arch. 37 215, ArchMilR. 2 54.

Über Bayern vgl. Erhard, Bayer. Z. f. Rpfl. 1912, S. 81, 101 fg., und Jacquin a. a. O. 496.

c) Über Haftung der Gemeinden für die bei Aufläufen, Aufruhr u. dergl. entstandenen Schäden s. für Preußen Ges. v. 11. März 1850 (GesS. S. 199, MilG. 4, 150); Bayern Ges. v. 12. März 1850, 4. Mai 1851; Sachsen BGB. § 1496; Württemberg Ges. v. 28. Aug. 1849; Baden Ges. v. 13. Febr. 1851; Franz. Ges. v. 2. Okt. 1795; Hessen AusfG. z. BGB. Art. 275, Ges. v. 3. März 1859, Neufassung v. 30. März 1899; S.-Kob. AusfG. z. BGB. Art. 21; Anhalt AusfG. z. BGB. Art. 31; Schwarzb.-Rud. AG. z. BGB. Art. 53—58; Schwarzb.-Sond. AG. z. BGB. Art. 20; Elsaß-Lothr. Ges. v. 2. Okt. 1795.

Diese landesgesetzlichen Vorschriften sind durch Art. 108 EinfG. z. BGB. aufrecht erhalten. Vgl. auch III Z. 7 Anm. 5.

Bayerisches Gesetz, das Einschreiten der bewaffneten Macht zur Erhaltung der gesetzlichen Ordnung betr.*) vom 4. Mai 1851.

Art. 1.

Wenn die zuständige Zivilbehörde**) zur Erhaltung der inneren Sicherheit oder der gesetzlichen Ordnung

---

*) Für die Erhaltung der gesetzlichen Ordnung sorgen in erster Linie die Zivilbehörden mit den eigenen Kräften.

**) I Nach den Entschließungen des K. Staatsministeriums des Innern vom 26. Okt. 1896 Nr. 20 482, vom 28. Mai 1910 Nr. 2058 b 1 und vom 9. Mai 1913 Nr. 2058 b 4 sowie nach der gemeinschaftlichen Entschließung der K. Staatsministerien der Justiz, des Innern und des Kriegsministeriums vom 19. Mai 1910 Nr. 18 993 sind hierfür folgende Zivilbehörden zuständig:

1. Das K. Staatsministerium des Innern,
2. die K. Regierungspräsidenten oder ihre Stellvertreter,
3. die K. Kreisregierungen, Kammer des Innern,
4. a) in München die K. Polizeidirektion,
   b) in den anderen kreisunmittelbaren Kreishauptstädten die K. Stadtkommissäre,
   c) in den sonstigen kreisunmittelbaren Städten die K. Bezirksämter (in der Stadt Bamberg das K. Bezirksamt Bamberg II),
   d) im übrigen die K. Bezirksämter,
5. die Vorstände der Verwaltungen der Strafanstalten und der Arbeitshäuser oder ihre Stellvertreter.

II. Den Zivilbehörden den beanspruchten bewaffneten Beistand zu leisten sind zuständig:

die Generalkommandos;

bei dringender Gefahr

in erster Linie: die Kommandanturen (Garnison-Kommandos, Garnison-Ältesten),

in zweiter Linie: die Truppenbefehlshaber.

die bewaffnete Macht aufbietet, so muß das Angebot schriftlich erfolgen.

In Notfällen kann dasselbe mündlich gestellt, muß aber so bald als möglich schriftlich wiederholt werden.

Art. 2.

Die Militärbehörde hat zu bestimmen, in welcher Stärke und aus welchen Waffengattungen die bewaffnete Macht abgeordnet werden soll.

Zu diesem Zwecke ist die Militärbehörde mit allen erforderlichen Aufschlüssen zu versehen.

Bevor die wirkliche Einschreitung der bewaffneten Macht erfolgt, sind die Zusammengerotteten durch einen Abgeordneten der Zivilbehörde dreimal im Namen des Gesetzes zum ruhigen Auseinandergehen aufzufordern.

Der Abgeordnete der Zivilbehörde soll in seiner Amtstracht erscheinen, oder doch mit einer weißen Schärpe ausgezeichnet sein.

Können die Aufforderungen nicht durch einen Abgeordneten der Zivilbehörde erfolgen, so sind sie durch eine von dem Befehlshaber der bewaffneten Macht abzuordnende Militärperson vorzunehmen.

Jeder Aufforderung geht, insoweit es möglich ist, ein Signal voraus.

Art. 4.

Bleibt auch die dritte Aufforderung ohne Erfolg, so hat die bewaffnete Macht von ihren Waffen den erforderlichen Gebrauch zu machen.

Die Art und Dauer dieses Gebrauches hat der Befehlshaber unter eigener Verantwortlichkeit allein zu bestimmen.

Art. 5.

Auch ohne Signal und Aufforderung (Art. 3) und insoweit sie bereits stattgefunden haben, ohne deren Wiederholung ist die bewaffnete Macht zu dem erforderlichen Gebrauche der Waffen befugt, wenn die Zusammengerotteten

1. auf die bewaffnete Macht eindringen oder dieselbe auf irgend eine Weise angreifen, oder
2. Barrikaden errichten, oder
3. in öffentliche oder Privatgebäude eindringen oder einzudringen suchen, oder
4. Gewalttaten an Personen verüben, oder
5. fremdes Eigentum gewaltsam wegnehmen, beschädigen oder zerstören.

Art. 6.

Von den Waffen kann in allen Fällen auch gegen denjenigen der erforderliche Gebrauch gemacht werden, welcher sich der Entwaffnung oder Verhaftung mit Gewalt widersetzt.

Art. 7.

Personen, welche auf dem Wege zum Orte der Zusammenrottung betreten werden, können zurückgewiesen, und wenn sie bewaffnet sind, entwaffnet und zur Haft gebracht werden.

Art. 8.

Auch nach erfolgter Wiederherstellung der Ordnung hat die bewaffnete Macht zu den notwendigen Verhaftungen sowie zur Ablieferung der Gefangenen mitzuwirken.

Zweite Abteilung.

III. Vom Kriegs- und Belagerungszustand.

Bestimmungen der Vorschrift. III Z. 1—15.

1. Der **Kriegszustand** kann gemäß Artikel 68 der Verfassung des Deutschen Reiches vom 16. 4. 1871 nur von Seiner Majestät dem Kaiser im gesamten Bundesgebiet oder in Teilen desselben — mit Ausnahme des Königreichs Bayern — erklärt werden, wenn im Bundesgebiet die öffentliche Sicherheit bedroht ist

a) durch einen feindlichen Angriff,

b) durch einen Aufruhr.

Bis zum Erlaß eines die Voraussetzungen, die Form der Verkündigung und die Wirkungen einer solchen Erklärung regelnden Reichsgesetzes gelten dafür die Vorschriften des preußischen Gesetzes vom 4. Juni 1851 (GesS. für 1851, S. 451 ff.).

In Bayern gilt für die Erklärung des Kriegszustandes das bayerische Gesetz vom 5. 11. 1912.

2. Für den Fall eines Aufruhrs kommt die Erklärung des **Kriegszustandes** nur in Frage, wenn die Bestimmungen der Verfassung oder Gesetzgebung des betreffenden Bundesstaates über den Ausnahmezustand nicht für ausreichend erachtet werden. Der oberste Militärbefehlshaber in dem in Frage kommenden Gebiet hat sodann diese Maßnahme bei Seiner Majestät dem Kaiser unmittelbar zu erbitten. Vorher hat er mit der Landesregierung in Verbindung zu treten. Wird er hieran durch äußere Umstände gehindert, so hat er die Landesregierung möglichst bald

nachträglich von seinem Antrag in Kenntnis zu setzen. Den vorgesetzten Dienststellen — von preußischen Militärbefehlshabern auch dem preußischen Kriegsministerium — ist gleichzeitig hiervon Meldung zu erstatten.

Für Bayern gelten besondere Bestimmungen.

3. In den in den Kriegszustand erklärten Gebieten sind gemäß § 4 des Einführungsgesetzes zum Strafgesetzbuch für den Norddeutschen Bund vom 31. 5. 1870 die in den §§ 81, 88, 90, 307, 311, 312, 315, 322, 323 und 324 des Strafgesetzbuches für das Deutsche Reich mit lebenslänglichem Zuchthaus bedrohten Verbrechen mit dem Tode zu bestrafen.

4. Im Falle eines Krieges kann außerdem in Preußen in den vom Feinde bedrohten oder teilweise schon besetzten Provinzen der Kommandierende General den Bezirk seines Armeekorps oder einzelne Teile desselben sowie jeder Festungskommandant die ihm anvertraute Festung mit ihrem Rayonbezirk in den Belagerungszustand erklären (Preuß. Gesetz v. 4. 6. 1851 — Anl. I).

In Elsaß-Lothringen ist für den Fall eines Krieges oder eines unmittelbar drohenden feindlichen Angriffs jeder mindestens im Range eines Stabsoffiziers stehende oberste Militärbefehlshaber zum Zwecke der Verteidigung in dem ihm unterstellten Orte oder Landesteile befugt, die vollziehende Gewalt zu übernehmen bis zu der unverzüglich einzuholenden Entscheidung Seiner Majestät des Kaisers über die Erklärung des Kriegszustandes (Gesetz v. 30. 5. 1892).

5. Im Falle eines Aufruhrs kann in Preußen gemäß Gesetz v. 4. 6. 1851 bei drin-

gender Gefahr für die öffentliche Sicherheit der Belagerungszustand vom Staatsministerium erklärt werden. In dringenden Fällen kann jedoch auch für einzelne Gebiete der oberste Militärbefehlshaber in denselben auf Antrag des Verwaltungschefs des Regierungsbezirks — wenn Gefahr im Verzug ist, auch ohne dessen Antrag — diese Erklärung vorläufig erlassen, vorbehaltlich der sofortigen Bestätigung oder Beseitigung durch das Staatsministerium.

In Festungen geht die vorläufige Erklärung des Belagerungszustandes vom Festungskommandanten aus. Ein Antrag des Verwaltungschefs des Regierungsbezirks ist in diesem Falle nicht erforderlich. In den Wirkungen bleibt es sich gleich, ob der Belagerungszustand vorläufig oder durch das Staatsministerium endgültig erklärt wird; nur die Vollstreckung kriegsgerichtlicher Erkenntnisse bleibt bei der vorläufigen Erklärung des Belagerungszustandes bis zu seiner Bestätigung ausgesetzt.

6. In Elsaß-Lothringen ist nur der Gouverneur oder Kommandant einer Festung befugt, im Falle eines Aufruhrs selbständig den Belagerungszustand zu erklären und nur für das Gebiet der eigentlichen Festung bis 1 km über die äußere Linie der Befestigungen hinaus. (Französisches Gesetz vom 9. 8. 1849.) Hinsichtlich der Ausführung des Belagerungszustandes gelten dann die Bestimmungen des französischen Gesetzes vom 9. 8. 1849 und nicht die des preußischen Gesetzes vom 4. 6. 1851.

7. Im übrigen Bundesgebiet sind für die Erklärung des Belagerungszustandes im Falle eines Aufruhrs die Bestimmungen der betreffenden Ver-

fassung und der Landesgesetze maßgebend (s. auch Ziff. 2).

Welche Bestimmungen in Frage kommen, ist im voraus durch die Kommandierenden Generale zu klären und den in Frage kommenden Militärbefehlshabern bekannt zu geben.

Die Militärbefehlshaber sind ermächtigt, bei Handhabung des von den Einzelregierungen auf Grund etwaiger landesgesetzlicher Bestimmungen verhängten Kriegs- oder Belagerungszustandes mitzuwirken.

8. Als Aufruhr ist nach §§ 113—115 des Strafgesetzbuches für das Deutsche Reich anzusehen, wenn bei einer öffentlichen Zusammenrottung mit vereinten Kräften:

a) einem Beamten, welcher zur Vollstreckung von Gesetzen, von Befehlen und Anordnungen der Verwaltungsbehörden oder von Urteilen und Verfügungen der Gerichte berufen ist, in der rechtmäßigen Ausübung seines Amtes durch Gewalt oder durch Bedrohung mit Gewalt Widerstand geleistet, oder wenn ein solcher Beamter während der rechtmäßigen Ausübung seines Amtes tätlich angegriffen wird, oder wenn

b) die gleiche Handlung (a) gegen Personen, welche zur Unterstützung des Beamten zugezogen waren, oder gegen Mannschaften der bewaffneten Macht oder gegen Mannschaften einer Gemeinde-, Schutz- oder Bürgerwehr in Ausübung des Dienstes begangen wird,

c) es unternommen wird, durch Gewalt oder Drohung eine Behörde oder einen Beamten zur Vornahme oder Unterlassung einer Amtshandlung zu nötigen.

9. Ob im Falle eines Aufruhrs „dringende Gefahr für die öffentliche Sicherheit“ vorhanden ist, muß nach den demselben vorangegangenen und ihn begleitenden Umständen sowie nach dem Umfange und dem Charakter desselben jedesmal beurteilt werden.

10. Der Zweck der Erklärung des Belagerungszustandes in Friedenszeiten ist, die durch Aufruhr entstandene dringende Gefahr für die öffentliche Sicherheit durch möglichst baldige Wiederherstellung der gestörten inneren Ruhe dauernd zu beseitigen.

Diesen Gesichtspunkt muß der Militärbefehlshaber bei Ausübung der in seine Hand gelegten vollziehenden Gewalt festhalten.

Die Hauptsache bleibt hierbei, sowie überhaupt bei jedem selbständigen Handeln eines Militärbefehlshabers, zum Zwecke der Wiederherstellung der inneren Ruhe und der Ausführung der Gesetze, daß der Militärbefehlshaber sich nicht scheut, mit seiner Persönlichkeit vorzutreten, und daß er niemals zögert, die Verantwortlichkeit für ein entschiedenes Handeln zu übernehmen.

11. Hat in Preußen ein Militärbefehlshaber den Belagerungszustand vorläufig erklärt, so hat er unverzüglich in jedem einzelnen Falle Seiner Majestät dem Kaiser und König davon Meldung zu machen. — Zugleich hat er darüber an das Kriegsministerium ausführlich zu berichten, um dadurch den Kriegsminister in den Stand zu setzen, die Bestätigung des Belagerungszustandes bei dem Staatsministerium ungesäumt zu beantragen.

Wird in Elsaß-Lothringen ein Festungsgebiet im Falle eines Aufruhrs in den Belagerungszustand erklärt, so ist in gleicher Weise zu verfahren.

12. Die Erklärung des Kriegs- und Belagerungszustandes ist durch etwa folgendermaßen lautende Bekanntmachung an geeigneten Plätzen unter Trommelschlag oder Trompetenschall der Bevölkerung zu verkünden:

Auf Befehl Seiner Majestät des Kaisers und Königs

(oder wenn in Preußen die Erklärung durch das Staatsministerium erfolgt)

Durch Verfügung des preußischen Staatsministeriums

(oder wenn in Preußen die Erklärung auf Antrag des Verwaltungschefs des Regierungsbezirks erfolgt)

Auf Antrag des . . . .

(oder wenn dies, bei Gefahr im Verzuge, in Preußen ohne Antrag des Verwaltungschefs des Regierungsbezirks geschieht)

Auf meinen, des N., Befehl wird der Ortsbezirk von N. (oder der N. Kreis, Regierungsbezirk) vorläufig hierdurch in den Kriegs- (Belagerungs-) Zustand erklärt. Die vollziehende Gewalt geht hierdurch an mich über.

Die näheren Verordnungen werde ich sofort bekannt machen lassen.

Außerdem ist diese Erklärung des Kriegs- (Belagerungs-) Zustandes durch Mitteilung an die Gemeindebehörden, durch Anschlag an öffentlichen Plätzen und durch öffentliche Blätter ohne Verzug zur allgemeinen Kenntnis zu bringen. Die Bestätigung des vorläufig erklärten Belagerungszustandes ist in gleicher Weise der Bevölkerung mitzuteilen. Den ihm untergebenen Truppen hat der Militärbefehlshaber bekannt zu geben, daß sie während des Kriegs- und Belagerungszustandes unter den Vorschriften stehen, die im Felde für strafbare Handlungen gelten.

Ferner sind die Strafbestimmungen der §§ 8 und 9 des Gesetzes vom 4. 6. 1851 (Anl. I) zur Warnung durch Anschlag an öffentlichen Plätzen und durch die Presse in Erinnerung zu bringen.

13. Wird es bei Erklärung des Kriegs- und Belagerungszustandes oder während desselben erforderlich, so können in Preußen während der Dauer des Zustandes für die betreffenden Orte und Gebiete folgende Bestimmungen der Verfassungsurkunde vom 31. 1. 1850 einzeln oder gemeinsam außer Kraft gesetzt werden:

a) über die Gewährleistung der persönlichen Freiheit und die Unverletzlichkeit der Wohnung (Art. 5 und 6),

b) über die Unzulässigkeit von Ausnahmegerichten (Art. 7),*)

c) über die freie Presse (Art. 27 und 28),**)

---

*) § 16 des Gerichtsverfassungsgesetzes vom 27. Januar 1877: Ausnahmegerichte sind unstatthaft.

Niemand darf seinem gesetzlichen Richter entzogen werden. Die gesetzlichen Bestimmungen über Kriegsgerichte und Standrechte werden hiervon nicht berührt.

**) § 30 des Reichsgesetzes über die Presse vom 7. Mai 1874: Die für Zeiten der Kriegsgefahr, des Krieges, des erklärten Kriegs- (Belagerungs-) Zustandes oder innerer Unruhen (Aufruhrs) in bezug auf die Presse bestehenden besonderen gesetzlichen Bestimmungen bleiben auch diesem Gesetze gegenüber bis auf weiteres in Kraft.

d) über das Vereins- und Versammlungsrecht (Art. 29 und 30)*) und

e) über die Beschränkung der bewaffneten Macht in betreff der Teilnahme an der Unterdrückung innerer Unruhen (Art. 36).

Abdruck der Artikel s. Anl. III.

Wird der Belagerungszustand vorläufig erklärt, so hat hierüber der betreffende Militärbefehlshaber zu bestimmen.

In den übrigen Bundesstaaten kommen bei Erklärung des Kriegszustandes (vgl. Ziff. 2) die entsprechenden Artikel ihrer Verfassung in Frage. Auch diese sind im voraus von den Kommandierenden Generalen festzustellen, damit jede Unsicherheit vermieden wird.

14. Sollen die aufgeführten Artikel außer Kraft gesetzt werden, so ist dieses etwa folgendermaßen bekannt zu geben:

„Mit Bezug auf meine Bekanntmachung vom heutigen Tage, wonach ich den Ortsbezirk von N. (oder den Kreis N. oder Regierungsbezirk N.) in Belagerungszustand erklärt habe, setze ich die Artikel 5, 6, 7, 27, 28, 29, 30 und 36 der Verfassungsurkunde vom 31. Januar 1850 für den in Belagerungszustand erklärten Bezirk bis auf weitere Bestimmung außer Kraft und verordne, was folgt:

---

*) Nach § 24 des Reichsvereinsgesetzes vom 19. April 1908 bleiben die Vorschriften des Landesrechtes in bezug auf Vereine und Versammlungen für die Zeiten der Kriegsgefahr, des Krieges, des erklärten Kriegs- (Belagerungs-) Zustandes oder innerer Unruhen (Aufruhrs) unberührt.

a) Die Zivilverwaltungs- und Gemeindebehörden verbleiben in ihren Funktionen, haben aber meinen Anordnungen und Aufträgen Folge zu leisten.

b) Zur Untersuchung und Aburteilung der in den §§ 8—10 des Gesetzes über den Belagerungszustand vom 4. Juni 1851 namhaft gemachten Verbrechen und Vergehen wird ein Kriegsgericht angeordnet, welches mit dem morgenden Tage in Tätigkeit tritt.

c) Haussuchungen und Verhaftungen können von den dazu berechtigten Behörden und Beamten zu jeder Zeit vorgenommen werden.

Sämtliche Wirtshäuser sind um 10 Uhr abends zu schließen.

d) Alle Fremden, welche über den Zweck ihres Aufenthalts sich nicht gehörig ausweisen können, haben den in Belagerungszustand erklärten Bezirk bei Vermeidung der Ausweisung binnen 24 Stunden zu verlassen.*)

e) Der Verkauf von Waffen, Pulver und Sprengmitteln ist verboten. Fremden, welche bewaffnet oder mit Pulver und Munition oder Sprengmitteln versehen, ankommen, sind diese Gegenstände abzunehmen.

---

*) § 9 des Gesetzes über das Paßwesen vom 12. Oktober 1867. Wenn die Sicherheit des Bundes oder eines einzelnen Bundesstaates oder die öffentliche Ordnung durch Krieg, innere Unruhen oder sonstige Ereignisse bedroht erscheint, kann die Paßpflichtigkeit überhaupt oder für einen bestimmten Bezirk oder zu Reisen aus und nach bestimmten Staaten des Auslandes durch Anordnung des Bundespräsidiums vorübergehend eingeführt werden.

Zivilpersonen dürfen nur dann Waffen tragen, wenn es ihnen von mir oder von der Ortspolizei-behörde ausdrücklich gestattet ist. Wer sich mit Waffen betreffen läßt, ohne eine solche Erlaubnis erhalten zu haben, wird streng bestraft.

f) Die Herausgabe der N.-Zeitung, des N.-Blattes (hier sind die Zeitungen und öffentlichen Blätter zu bezeichnen, deren zeitweilige Unterdrückung für nötig erachtet wird) wird verboten.

g) Plakate, Zeitungen und andere Schriften dürfen nur dann gedruckt, öffentlich verkauft oder sonst verbreitet werden, nachdem die Ortspolizei-Behörde die Erlaubnis dazu erteilt hat.

h) Alle Klubs und Vereine zu politischen Zwecken oder zur Besprechung politischer Angelegenheiten sind geschlossen.

i) Bei Tage darf keine Versammlung von mehr als zehn Personen auf Straßen und öffentlichen Plätzen stattfinden; solche Versammlungen bei Nacht sind gänzlich verboten. — Versammlungen in geschlossenen Räumen zu anderen als rein geselligen oder kirchlichen Zwecken bedürfen meiner Genehmigung.

k) Die Verwendung der bewaffneten Macht zur Unterdrückung etwa vorkommender Aufruhrversuche erfolgt nach meinen Befehlen.

l) Wegen der Verpflichtung der Gemeinde zum Ersatz des bei öffentlichen Aufläufen verursachten Schadens verweise ich auf das Gesetz vom 11. März 1850 (Gesetz-Sammlung S. 199).

m) Der Betrieb der bürgerlichen Geschäfte, der staatlichen und der Privatarbeiten, des Handels und der Gewerbe wird durch den Belagerungszustand nicht beschränkt.

Auch werde ich die gesetzlich bestehenden Behörden bei Ausführung der von ihnen zu treffenden Maßregeln, insofern sie mit den vorstehenden Bestimmungen vereinbar sind, gern kräftigst unterstützen."

(Ort und Datum.)

(Unterschrift.)

15. Der Militärbefehlshaber hat sich sodann sogleich wegen Bildung des außerordentlichen Kriegsgerichts mit dem Vorstande des Zivilgerichts des Orts in Verbindung zu setzen.

Die vorstehende Vorschrift soll jedem Militärbefehlshaber, der zur Mitwirkung zur Unterdrückung innerer Unruhen berufen wird, die Anleitung geben, wie er sich bei entschiedenem Handeln auf dem Boden des Gesetzes bewegen kann.

Die sachgemäße Vorbereitung aller erforderlichen Maßnahmen liegt in der Hand der Kommandierenden Generale.

Hierzu gehört die Kontrolle und richtige Verteilung des eisernen Bestandes an Munition bei den Truppen, der Vorräte an Konserven und sonstigen Verpflegungsgegenständen sowie der Verbandmittel. Die Kommandierenden Generale verfügen selbständig über die Truppen ihres Korpsbezirks; als Grundsatz ist hierbei festzuhalten, daß nur geschlossene Truppenteile zur Verwendung kommen. Je überwältigender die bewaffnete Macht auftritt, um so sicherer ist der Erfolg, um so geringer sind die Opfer. Die Sorge für Nachschub von Verpflegung und Munition, sowie die für die Verwundeten ist von gleicher Wichtigkeit wie in

Kriegszeiten. Zur Leistung der hierfür erforderlichen Ausgaben bedarf es der besonderen Genehmigung des Kriegsministeriums nicht.

Schrifttum.

1. Besonderes: Mittermaier, Die Gesetzgebungen über Belagerungszustand, im Arch. d. KrimR., 1849, S. 29—73; G. Meyer in Hirths Annalen 1880, S. 347 ff.; Brockhaus, Das D. Heer und die Kontingente der Einzelstaaten, 1888; Marck, Der Militär-Strafprozeß und seine Reform, 1893, S. 52—81; Kloeppel, Reichspreßrecht, 1894, S. 288—296; Brüß, Der Belagerungszustand als Rechtsinstitut, Erl. Diss. 1897; Schlayer, Deutsche Mil.- und Zivilstrafgerichtsbarkeit, 1900, S. 79—82; Weigel, Zuständigkeitsgrenzen, 1902, S. 296—223; Haldy, Der Belagerungszustand in Preußen, 1906; Wilfling, Der administrative Waffengebrauch, 1909, S. 193 fg.; Bücher, Der Belagerungszustand im D. Reich und dessen Gliedstaaten, Leipz. Diss. 1909; Endres, Kriegszustand, Belagerungszustand, Standrecht, im Arch. öff. R., 1909, S. 548—578 (mit Reformvorschlägen); Möricke, Die Deutschen Tumultgesetze, 1910; Reinhardt, Der Waffengebrauch als Mittel staatlichen Verwaltungszwangs, 1910, S. 74—82; Fleischmann, Belagerungszustand, in Stengels Wörterbuch d. D. St. u. VR., 2. Aufl., Bd. 1, 1911; Ebermayer, Preuß. Ges. über d. Belagerungszustand, Strafrechtl. Nebengesetze d. D. Reiches, 4. Aufl., Bd. 1, 1911; Sido, Die persönliche Militärgewalt des Großherzogs von Baden, Rastatt, Greiser, 1912; Dietz, Handwörterbuch d. Mil. Rechts, 1912, Art. Aufstand (Wenzel), Belagerungszustand, Kriegszustand, Standrecht (Giese), Kriegsgesetze (Grützmacher), Standrecht in Bayern (Erhard); v. Nicolai, Der reichs- und landesrechtliche Kriegszustand, unter besonderer Berücksichtigung des Badischen Rechts, 1913; Erhard, Das bayer. Ges. über den Kriegszustand vom 5. Nov. 1912, im ArchMilR. 5 17—21. DJZ. 1912, S. 1392 desgl.

2. Allgemeines: Die Handbücher des Deutschen Staatsrechts, wie Laband, 5. Aufl., Bd. 4; Hänel 1892; Hue de Grais,

21. Aufl., 1912; G. Meyer-Anschütz, 6. Aufl., 1905; Dambitsch, Reichsverfassung, 1910; Arndt, Verfassung des Deutschen Reichs, Art. 68; Handbücher des Deutschen Verwaltungsrechts von Otto Mayer, 1895, 1896, und von G. Meyer-Dochow, 1910; Sammlungen des öffentlichen Rechts der Bundesstaaten, herausgegeben: 1. von Marquardsen, Handb. d. öff. R. d. Gegenwart in Monographien, 1.—3. Aufl., 2. von Jellinek, Laband, Piloty, Das öffentliche Recht der Gegenwart, 3. von Scholz und Störck, Bibliothek d. öffentl. Rechts. S. ferner Kommentare zu § 4 fg. z. RStGB., z. B. Frank, 11.—14. Aufl., 1911.

Vorbemerkungen.

1. Rechtliche Bedeutung. Die Namen „Kriegszustand", „Belagerungszustand", „Standrecht" bedeuten im Grunde dasselbe, nämlich einen Ausnahmezustand des staatlichen Lebens, sei es in Kriegszeiten, sei es in solchen Friedenszeiten, welche infolge starker Störung der öffentlichen Ordnung und Sicherheit das Aussehen von Kriegszeiten haben. In solchen Zeiten tritt die militärische Gewalt in den Vordergrund, die bürgerlichen Verwaltungsbehörden werden ihr untergeordnet, die ordentlichen Gerichte schränken ihre Tätigkeit ein zugunsten militärisch besetzter Sondergerichte, die Strafandrohungen, namentlich gegen Widerstand gegen die Staatsgewalt, werden verschärft, die verfassungsmäßigen Rechte, namentlich Preß-, Vereins- und Versammlungsfreiheit, eingeschränkt.

Der Zweck der Betätigung der militärischen Behörden läuft in Kriegszeiten wesentlich auf eine Förderung der kriegerischen Maßregeln und Absichten, auf eine Zusammenfassung aller Kräfte des Volkes in dieser einen Richtung hinaus. In Zeiten innerer Unruhen kommt es auf die Aufrechterhaltung des Ansehens der Staatsgewalt und auf die baldige Wiederherstellung der gestörten inneren Ruhe und geordneter Zustände an. (**III 10.**)

Bei Auslegung der bezüglichen Gesetze muß man sich vor Augen halten, daß die Namen „Kriegszustand" und „Belagerungszustand" technische Begriffe geworden sind, die keineswegs notwendig einen

Krieg oder eine Belagerung voraussetzen, ferner daß jede der an sich gleichwertigen Bezeichnungen in enger Beziehung ist zu dem weiteren Inhalt des Gesetzes, in dem es gerade steht, und hierdurch ihre Umgrenzung im einzelnen Fall gewinnt.

2. Reichs- und Staatsgesetzgebung.

a) **Die Reichsverfassung bestimmt im Art. 68:**

„Der Kaiser kann, wenn die öffentliche Sicherheit in dem Bundesgebiete bedroht ist, einen jeden Teil desselben in Kriegszustand erklären. Bis zum Erlaß eines die Voraussetzungen, die Form der Verkündigung und die Wirkungen einer solchen Erklärung regelnden Reichsgesetzes gelten dafür die Vorschriften des Preußischen Gesetzes vom 4. Juni 1851 (GesS. für 1851, S. 451 ff.).

Das hier vorgesehene Reichsgesetz ist bisher noch nicht erlassen.

Der Kriegszustand, der hiernach vom Kaiser erklärt werden kann bei Bedrohung der öffentlichen Sicherheit

α) durch einen feindlichen Angriff (**III Z. 1**) — das PreußGes. § 1 sagt: „für den Fall eines Krieges" —,

β) durch einen Aufruhr (**III Z. 2**),

wird verkündigt, wie der Preuß. Belagerungszustand (**III Z. 12** und **14**), und hat auch dessen Wirkungen (**III Z. 10, 13, 15**, s. aber auch **III 3**).

b) Für Bayern gilt der Art. 68 RVerf. nach der Schlußbestimmung zum XI. Abschnitt der RVerf. in Verbindung mit Art. III § 5, V des Bündnisvertrags v. 23. Nov. 1870, nicht.

Bayern regelt also den Ausnahmezustand völlig selbständig. Es gilt dort für innere Unruhen das sog. Standrecht, das sich wesentlich auf strafrechtliche und strafprozessuale Verschärfungen beschränkt (s. S. 181), für Kriegszeiten das Ges. v. 5. Nov. 1912 gleicher Art (s. S. 176). Der völlige Übergang der bürgerlichen Gewalt auf die Militärbefehlshaber und die Beschränkung verfassungsmäßiger Rechte sind also nicht vorgesehen (**III Z. 1** und **2**).

c) Für Elsaß-Lothringen ist der Art. 68 der RVerf. ergänzt durch das Reichsges. v. 30. Mai 1892 über die Vorbereitung des Kriegszustandes (RGBl. S. 667) — s. S. 173 —, welches gewissen Militärbefehlshabern die vorläufige Übernahme der vollziehenden Gewalt gestattet (s. III Z. 4 Abs. 2).

d) Übrige Bundesstaaten. Ob neben der reichsgesetzlichen Regelung und neben den Rechten des Kaisers auch die Bundesstaaten befugt sind, Bestimmungen über den Kriegs- und Belagerungszustand (auf den Namen kommt es nicht an) zu erlassen, ist bestritten, sowohl hinsichtlich der Bundesstaaten, welche ihre Truppen in dem Preußischen Kontingent haben aufgehen lassen, als auch hinsichtlich Sachsens und Württembergs, welche eigene Kontingente haben. Man hat behauptet, daß dadurch in die Befehlsrechte des Kaisers und in die — insbes. strafrechtliche — Reichsgesetzgebung eingegriffen werde. So vertreten Laband a. a. O., Zorn, Staatsrecht, 2. Aufl., Bd. I, S. 198, Schultze, D. Staatsrecht, Bd. II, S. 257, und in Marquardsen, Handbuch, Bd. II, 2. Halbband, S. 118, Seydel in d. Zeitschr. f. d. Gesetzgebung, Bd. 7, S. 621, Loening, D. Verwalt.-R., S. 293, Haenel, D. Staatsr., Bd. I, S. 440 ff., Note 19, die Ansicht, daß die von der Verfassung als Ausfluß des Kaiserlichen Militärbefehls gedachte Erklärung des Kriegszustandes innerhalb des Reiches, abgesehen von Bayern, nur noch dem Kaiser zustehe, nicht den einzelnen Bundesfürsten. In neuerer Zeit ist indessen die Ansicht wieder stärker vertreten, daß auch die Bundesstaaten zum Erlaß derartiger Gesetze zuständig sind. Diese, auch von Meyer, D. Verwalt.-R., Bd. I, S. 185, und in Hirths Annalen, 1880, S. 347 ff., vertretene Ansicht muß als die richtige bezeichnet werden und ist auch dem Reichstage gegenüber bei den Beratungen des Gesetzes über die Vorbereitung des Kriegszustandes in Elsaß-Lothringen vom 30. Mai 1892 vertreten worden. Das Recht des Kaisers ist nur zu den nach Landesgesetz den Regierungen der Einzelstaaten gewährten Befugnissen hinzugetreten. Diese Auffassung entspricht auch allein dem allgemeinen Staatsinteresse. Übrigens ist die Praxis bereits zu wiederholten Malen, z. B. in Baden, über die Zweifel widerstandslos hinweggegangen. Für Elsaß-Lothringen vgl. auch v. Möller, Sammlung der in Elsaß-Lothringen geltenden

Gesetze, Bd. I, S. 15, Note 44; Levin in Marquardsen, Handbuch 2. Bd., S. 231. (Nähere Darstellung bei v. Nicolai, S. 41 fg.) Jedenfalls hat sich die Vorschrift auf diesen Standpunkt gestellt. (III Z. 5—7.) Es gilt hiernach für Preußen eine doppelte Gesetzgebung (gl. Ans. PrKrMin. v. 9. Juni 1913), ebenso für die übrigen Bundesstaaten, soweit dort Vorschriften bestehen.

Nach III Z. 2 soll für den Fall eines Aufruhrs zunächst erwogen werden, ob die Vorschriften des betreffenden Bundesstaates über den Ausnahmezustand nicht ausreichen. Erst wenn dies nicht der Fall ist, soll die Erklärung des Kriegszustandes kraft Reichsrechts beantragt werden.

Die Bestimmungen, welche von den Bundesstaaten, auch soweit sie keine eigenen Truppen mehr haben, gemäß Art. 66 Abs. 2 RVerf. (Requisitionsrecht zu polizeilichen Zwecken) und den Konventionen über Einschreiten der Truppen im ordentlichen Friedenszustand — auf Ersuchen oder aus eigenem Antriebe — erlassen werden, gehören nicht hierher, wenn auch der praktische Unterschied nicht erheblich sein mag. Vgl. S. 31 Vorbem. 4b zur ersten Abteilung. Soweit diese Bestimmungen ausreichen, wird man von der Erklärung des Ausnahmezustandes absehen können.

3. Grundlinien des Preußischen Ausnahmerechts.

a) Voraussetzungen der Erklärung des Belagerungszustandes sind entweder

α) Krieg, bei Bedrohung oder Besetzung der Provinzen durch den Feind (III Z. 4), oder

β) Aufruhr, bei dringender Gefahr für die öffentliche Sicherheit (III Z. 5).

b) Zuständig sind im Kriegsfall die Festungskommandanten und Kommandierenden Generale (III Z. 4), im Aufruhrfall das Staatsministerium, aushilfsweise und vorläufig („provisorisch") der oberste Militärbefehlshaber, teils mit, teils ohne Antrag des Verwaltungschefs des Regierungsbezirks (III Z. 5, 6, 8, 9).

c) Anordnung. Zu unterscheiden sind die Erklärung selbst und deren Verkündung (**III Z. 12** und **14**).

d) Wirkungen:

α) Verstärkung der militärischen Gewalt.

1. Übernahme der vollziehenden Gewalt (**III Z. 10, 15**).
2. Bildung außerordentlicher Kriegsgerichte, d. h. militärisch verwalteter Ausnahmegerichte über Zivilpersonen (**III 15**). Diese sind nicht etwa durch die MStGO. aufgehoben. Ebenso PrKrMin. v. 9. Juni 1913.

β) Verstärkung der staatlichen Anforderungen.

1. Außerkraftsetzung verfassungsmäßiger Freiheiten (**III Z. 13, 14**).
2. Verschärfung des Strafrechts (§ 8 Ges. v. 4. 6. 1851).

4. Strafrecht der Militärpersonen.

a) α) Auf sie finden die gemeinstrafrechtlichen Verschärfungen, z. B. nach § 4 fg. z. RStGB., §§ 8, 9, PreußGes. v. 4. Juni 1851, Art. 442 des Bayer. Standrechts von 1813, Art. 3 und 4 des Bayer. Ges. v. 5. Nov. 1912 so gut wie auf Zivilpersonen Anwendung.

β) Für das Militärstrafrecht bestimmt § 9 MStGB.:

„Die in diesem Gesetze für strafbare Handlungen im Felde gegebenen Vorschriften (Kriegsgesetze) gelten:

1. für die Dauer des mobilen Zustandes des Heeres, der Marine oder einzelner Teile derselben;
2. für die Dauer des nach Vorschrift der Gesetze erklärten Kriegszustandes in den davon betroffenen Gebieten."

Unter „Kriegszustand" ist hier der vom Kaiser für das Reich (außer Bayern) nach Art. 68 RVerf. und der vom König von Bayern für Bayern nach Ges. v. 5. Nov. 1912 erklärte Kriegszustand zu verstehen. Ob der von den übrigen Bundesstaaten erklärte Kriegs- und Belagerungszustand die gleiche Wirkung hat, ist zweifelhaft. Für Preußen ist die Frage jedenfalls schon nach § 6 des PreußGes. v. 4. Juni 1851 zu bejahen. Auch sonst wird man Kriegszustand und Belagerungszustand insoweit gleichstellen dürfen. So wohl auch Ziff. 12 Abs. 2 der Vorschrift. Näheres Romen und Rissom, MStGB., §§ 9, 10.

b) Die Strafgerichtsbarkeit gemäß der MStGO. bleibt unberührt. Gl. Ans. PrKrMin. v. 9. Juni 1913. Die ordentlichen — rein militärisch besetzten — Militärgerichte werden also durch die — gemischt besetzten — Ausnahmegerichte nicht beseitigt. Dies folgt einmal aus dem Mangel einer entsprechenden Bestimmung im EG. der MStGO., zweitens und vor allem daraus, daß die Kommandogewalt die ordentliche Militärgerichtsbarkeit ja bereits ausübt, also nicht erst der Übertragung im Ausnahmezustand bedarf, drittens daraus, daß die MStGO. selbst ein strengeres Verfahren im Felde und an Bord regelt, wenn auch in enger Begrenzung seiner Anwendung. Es bestimmen:

§ 5 EG. z. MStGO.: „Die in der Militärstrafgerichtsordnung für das „Feld" gegebenen Vorschriften gelten:

1. für die Dauer des mobilen Zustandes des Heeres, der Marine oder einzelner Teile des Heeres oder der Marine;
2. für die Besatzung eines festen Platzes, solange derselbe vom Feinde bedroht ist. Der Eintritt, sowie die Beendigung dieses Zustandes ist vom Gouverneur oder Kommandanten dienstlich bekannt zu machen."

§ 27 MStGO. „Der Gouverneur, Kommandant oder sonstige Befehlshaber eines in Kriegszustand (Belagerungszustand) erklärten Ortes oder Distrikts hat die Gerichtsbarkeit (§ 20) über alle zur Besatzung gehörenden Militärpersonen."

Diese Gerichtsbarkeit umfaßt die Militärpersonen aller Kontingente. Sie ist höhere Gerichtsbarkeit, §§ 20, 17 MStGO. Über die Gerichtsherren der niederen Gerichtsbarkeit bestimmen die §§ 19, 22, 31 MStGO.

5. a) Gemäß § 30 des Reichsgesetzes über die Presse vom 7. Mai 1874 bleiben „die für Zeiten der Kriegsgefahr, des Krieges, des erklärten Kriegs- (Belagerungs-) Zu-

standes oder innerer Unruhen (Aufruhrs) in bezug auf die Presse bestehenden besonneren gesetzlichen Bestimmungen in Kraft".

Hiernach bestehen auch nicht nur die reichsverfassungsmäßig dem Kaiser, sondern auch, soweit damit vereinbar, die landesgesetzlich den Landesobrigkeiten erteilten Ermächtigungen fort, unter den angegebenen Voraussetzungen den § 1 RPreßG. (Preßfreiheit) zeitweilig außer Kraft zu setzen, oder Beschränkungen, die dieses Gesetz nicht enthält, anzuordnen oder zuzulassen. So zutreffend Kloeppel, Reichspreßrecht. Näheres s. dort S. 288 ff. Liszt, Reichspreßrecht, § 12. Marquardsen, RPreßgesetz, § 30.

b) Nach § 9 des Reichsges. über das Paßwesen v. 12. Okt. 1867 (BGBl. 1867 S. 33) kann in Kriegs- und Aufruhrzeiten durch Anordnung des Kaisers die Paßpflicht nach näherer Bestimmung dieses Gesetzes vorübergehend eingeführt werden. (S. S. 126 Fußnote.)

Erster Unterabschnitt.

Voraussetzungen und Wirkungen der Erklärung des Kriegs- und Belagerungszustandes.

Gesetzliche Grundlage der Erklärung des Kriegszustandes.

1. Der Kriegszustand kann gemäß Artikel 68 der Verfassung des Deutschen Reiches vom 16. 4. 1871 nur von Seiner Majestät dem Kaiser im gesamten Bundesgebiet oder in Teilen desselben — mit Ausnahme des Königreichs Bayern — erklärt werden, wenn im Bundesgebiet die öffentliche Sicherheit bedroht ist

a) durch einen feindlichen Angriff,

b) durch einen Aufruhr.

Bis zum Erlaß eines die Voraussetzungen, die Form der Verkündigung und die Wirkungen einer solchen Erklärung regelnden Reichsgesetzes gelten dafür die Vorschriften des preußischen Gesetzes vom 4. Juni 1851 (GesS. für 1851, S. 451 ff.).

In Bayern gilt für die Erklärung des Kriegszustandes das bayerische Gesetz vom 5. 11. 1912.

1. Kriegszustand im Sinne der Ziff. 1—3 ist der auf Grund der RVerf. vom Kaiser oder der nach dem Bayerischen Gesetz v. 5. Nov. 1912 vom König von Bayern erklärte Kriegszustand. Mitwirkung des Reichstages ist nicht vorgesehen.

2. a) Voraussetzungen s. S. 131 Vorm. 2 a, Art. 68 RVerf., § 1 Ges. v. 1851, von Nicolai, S. 16.

b) Form s. Ziff. 12 und 14 der Vorschrift, § 2 Ges. von 1851. Vgl. v. Nicolai, S. 18.

c) Wirkungen s. Ziff. 3, 10, 13, 15 der Vorschrift, §§ 4 bis 15 des Ges. von 1851. Vgl. v. Nicolai, S. 20—40.

d) Die anderen Vorschriften des Gesetzes, wie über zuständige Behörden nach § 1 und 2, kleinen Belagerungszustand nach § 17, gelten nicht.

3. Bayern. Das Gesetz v. 5. Nov. 1912 ist abgedruckt S. 176 ff.

a) Verhängung, Art. 1 des Ges.

b) Voraussetzung: Kriegsfall oder drohende Kriegsgefahr, Art. 1 des Ges.

c) Form, Art. 2 des Ges.

d) Wirkungen, strafrechtliche, Art. 3 und 4, strafprozessuale, Art. 6 und 7 des Ges.

Erklärung des Kriegszust. i. Falle e. Aufruhrs.

2. Für den Fall eines Aufruhrs kommt die Erklärung des Kriegszustandes nur in Frage, wenn die Bestimmungen der Verfassung oder Gesetzgebung des betreffenden Bundesstaates über den Ausnahmezustand nicht für ausreichend erachtet werden. Der oberste Militärbefehlshaber in dem in Frage kommenden

Gebiet hat sodann diese Maßnahme bei Seiner Majestät dem Kaiser unmittelbar zu erbitten. Vorher hat er mit der Landesregierung in Verbindung zu treten. Wird er hieran durch äußere Umstände gehindert, so hat er die Landesregierung möglichst bald nachträglich von seinem Antrag in Kenntnis zu setzen. Den vorgesetzten Dienststellen — von preußischen Militärbefehlshabern auch dem preußischen Kriegsministerium — ist gleichzeitig hiervon Meldung zu erstatten.

Für Bayern gelten besondere Bestimmungen.

1. Für den Fall eines Aufruhrs ist zwar die Erklärung des Kriegszustandes durch den Kaiser zulässig, aber mit Rücksicht auf die mehr innerstaatliche Natur dieser Maßregel soll nach der Vorschrift in erster Linie erwogen werden, ob nicht die im betreffenden Bundesstaat geltenden Bestimmungen über den Ausnahmezustand (= Belagerungszustand) ausreichen. Ob dies der Fall, ist tunlichst mit der Landesregierung zu erörtern. Erst dann, also wenn die Verhängung des innerstaatlichen Belagerungszustandes nicht ausreicht, soll der oberste Militärbefehlshaber diese Maßregel, und zwar unmittelbar, nicht auf dem Dienstwege, — unter Meldung an die übergangenen Stellen — bei seiner Majestät erbitten.

Selbstverständlich erübrigt die Erklärung des Ausnahmezustandes, wenn die schon im ordentlichen Friedenszustande nach I und II der Vorschrift zulässigen Maßregeln ausreichen.

2. Wegen des Begriffes „Aufruhr" s. S. 150.

3. Bayern hat seine eigene Gesetzgebung, die gleichfalls Kriegs- und Aufruhrzeiten unterscheidet, und die Verhängung verschieden regelt (Art. 1 des Ges. von 1912, s. S. 176), Art. 443, 444 des Standrechts von 1813, s. S. 183.

Strafrechtl. Wirkungen der Erklärung d. Kriegszustandes.

3. In den in den Kriegszustand erklärten Gebieten sind gemäß § 4 des Einführungsgesetzes zum

Strafgesetzbuch für den Norddeutschen Bund vom 31. 5. 1870 die in den §§ 81, 88, 90, 307, 311, 312, 315, 322, 323 und 324 des Strafgesetzbuches für das Deutsche Reich mit lebenslänglichem Zuchthaus bedrohten Verbrechen mit dem Tode zu bestrafen.

1. a) Nur der vom Kaiser erklärte Kriegszustand ist hier gemeint. § 4 EG. z. RStGB.

b) Die Verbrechen sind: § 81 hochverräterisches Unternehmen; § 88 Landesverrat im Kriege; § 90 erschwerte landesverräterische Begünstigung; § 307 besonders schwere Brandstiftung; § 311 Zerstörung von Sachen durch Explosivstoffe; § 312 vorsätzliche Herbeiführung einer Überschwemmung; § 315 vorsätzliche Gefährdung eines Eisenbahntransportes; § 322 vorsätzliche Gefährdung der Schiffahrt; § 323 vorsätzliche Bewirkung des Strandens oder Sinkens eines Schiffes; § 324 vorsätzliche Brunnenvergiftung.

c) Die allgemeine Strafandrohung bleibt bestehen, soweit mildernde Umstände, wie in §§ 81, 88 Abs. 2, 90 R.-StGB., zugelassen sind. Gl. Ans. die Kommentare von Frank und Oppenhoff zu § 4 EG.RStGB., v. Liszt, Strafr. § 60, Finger, Strafr. 1 155, Seuffert, Anarchismus und Strafrecht, 1899, S. 139, Erhard in ArchMilR. 5 18. Eine streng wörtliche Auslegung könnte allerdings zu einem anderen Ergebnis gelangen, das in den Kommentaren von Olshausen, Anm. 9, Rudorff-Stenglein, Anm. 5, zum § 4 EG.RStGB. verteidigt wird.

d) Neben diesen Vorschriften gelten auf Grund des Art. 68 der Reichsverf. noch die §§ 8 und 9 des Preuß. Ges. v. 1851. So Pr. Ober-Tribunal v. 10. Febr. 1871 und KrMin. v. 9. Juni 1913 (bestritten, s. Laband, 4. Aufl., 4 43, Anm. 2, von Nicolai S. 24 und 26). Das Reichs-Justiz-Amt hält nach Mitteilung des KrMin. v. 9. Juni 1913 die Weitergeltung des § 8 für nicht ausgeschlossen, die des § 9 für unbestreitbar. S. auch Anm. 3. Über Hinweis der Bevölkerung auf diese Vorschriften s. Ziff. 12 Abs. 3.

2. Für Bayern gilt § 4 EG. z. RStGB. schon deshalb nicht, weil er vom Bundesfeldherrn spricht.

a) Dafür steht noch für den Aufruhrfall (rechtsrheinisch) das Standrecht von 1813 in Geltung, welches im Art. 442 die im Art. 441 aufgezählten Verbrechen, ohne Rücksicht auf mildernde Umstände, mit dem Tode bedroht (s. S. 182). Dieses Recht ist aufrechterhalten durch § 7 Z. 2 des Ges. betr. Einf. RdB.Ges. in Bayern v. 22. April 1871, Art. 3 Z. 12 und 64 des Bayer. Ges. z. Einf. d. RStGB. v. 26. Dez. 1871, Art. 2 Ziff. 1 und Art. 3 Ziff. 12 des Bayer. Ges. v. 18. Aug. 1879 z. Ausf. der StPO. (linksrheinisch), s. Endres, ArchOffR. **25** 561; Erhard, Standrecht in Bayern; Dietz, Handwörterbuch).

b) Für Kriegszeiten gilt in Bayern Art. 3 des Kriegszustandsges. v. 1912, welches den Inhalt des § 4 EG. z. RStGB. herübernimmt. Die Gültigkeit dieser Bestimmung gegenüber § 2 Abs. 1 EG. z. RStGB. kann auf § 7 Z. 2 Ges. betr. Einf RdBGesetze in B. v. 22. April 1871 gestützt werden.

3. Für den Belagerungszustand nach dem Recht der Einzelstaaten gelten nicht die Vorschriften des § 4 EG. z. RStGB., sondern nur die dort besonders vorgesehenen Strafbestimmungen, also z. B. für Preußen die §§ 8 und 9 des Ges. von 1851, für Baden der § 7 des Bad. Ges. v. 29. Jan. 1851 und Art. 7 des Bad. Ges. v. 29. Jan. 1851. Sofern man überhaupt die landesrechtlichen Gesetze über den Belagerungszustand für anwendbar erachtet, wird man geneigt sein, auch deren strafrechtliche Vorschriften, weil auf veränderter staatsrechtlicher Grundlage beruhend, trotz § 2 Abs. 1 EG. z. RStGB. als gültig anzusehen, auch soweit sie Materien betreffen, die durch das RStGB. geregelt sind. A. M. von Nicolai, S. 60. Über die Wiederauffrischung der Erinnerung an die Vorschriften s. S. 154 Ziff. **12** Abs. 3.

Die Verf. des Pr. KrMin. v. 9. Juni 1913 nimmt an, daß die Vorschriften des Landesrechts in Geltung bleiben, soweit die in ihnen bezeichneten Straftaten nicht durch das RStGB. bereits erschöpfend behandelt sind. Danach würde, in Verfolg der Auffassung, die der Entscheidung des Ober-Tribunals v. 10. Febr. 1871 zugrunde liegt, der § 8 hinsichtlich des dort besonders hervorgehobenen Tatbestandes des Widerstandes noch in Geltung sein. Die Weitergeltung des § 9 läßt sich hiernach nicht bestreiten, doch kann zu § 9c und d der § 49a RStGB. eingreifen. S. auch Anm. 1d. Vgl. auch Reichelt, Verwaltungsgesetze (Berlin 1914) S. 454 Anm. 6, 8.

Erklärung des Belagerungszustandes im Kriegsfalle.

4. Im Falle eines Krieges kann außerdem in Preußen in den vom Feinde bedrohten oder teilweise schon besetzten Provinzen der Kommandierende General den Bezirk seines Armeekorps oder einzelne Teile desselben sowie jeder Festungskommandant die ihm anvertraute Festung mit ihrem Rayonbezirk in den Belagerungszustand erklären (preuß. Gesetz v. 4. 6. 1851 — Anl. I).

In Elsaß-Lothringen ist für den Fall eines Krieges oder eines unmittelbar drohenden feindlichen Angriffs jeder mindestens im Range eines Stabsoffiziers stehende oberste Militärbefehlshaber zum Zwecke der Verteidigung in dem ihm unterstellten Orte oder Landesteile befugt, die vollziehende Gewalt zu übernehmen bis zu der unverzüglich einzuholenden Entscheidung Seiner Majestät des Kaisers über die Erklärung des Kriegszustandes (Gesetz vom 30. 5. 1892).

1. Der Belagerungszustand der Einzelstaaten wird nunmehr in Ziff. **4—11** behandelt, und zwar zunächst für den Kriegs-, dann für den Aufruhrfall. Der Abs. 2 der Ziff. **4** betr. Elsaß-Lothringen fällt etwas aus der Einteilung heraus, da es sich hier um die Vorbereitung des reichsgesetzlichen Kriegszustandes handelt.

2. Preußen, Kriegsfall. Vgl. S. 132, 133. Vorbem. 2d, 3 und 4, § 1 Ges. von 1851. Die Ziff. **11** der Vorschrift be-

stimmte Meldung bezieht sich auf Ziff. 5, nicht auf Ziff. 4. Doch werden auch in diesem Falle Meldung an die Allerhöchste Stelle und Mitteilungen an die beteiligten obersten Behörden geboten sein.

3. Für die anderen Bundesstaaten (außer Bayern) sieht die Vorschrift die Erklärung des Belagerungszustandes wegen Kriegsfalles nicht vor.

4. Elsaß-Lothringen. Vgl. S. 173 Gesetz v. 30. Mai 1892 und S. 131 Anm. 2 c.

Erklärung d. Belagerungszust. wegen Aufruhrs in Preußen.

5. Im Falle eines Aufruhrs kann in Preußen gemäß Gesetz vom 4. 6. 1851 bei dringender Gefahr für die öffentliche Sicherheit der Belagerungszustand vom Staatsministerium erklärt werden. In dringenden Fällen kann jedoch auch für einzelne Gebiete der oberste Militärbefehlshaber in denselben auf Antrag des Verwaltungschefs des Regierungsbezirks — wenn Gefahr im Verzug ist, auch ohne dessen Antrag — diese Erklärung vorläufig erlassen, vorbehaltlich der sofortigen Bestätigung oder Beseitigung durch das Staatsministerium.

In Festungen geht die vorläufige Erklärung des Belagerungszustandes vom Festungskommandanten aus. Ein Antrag des Verwaltungschefs des Regierungsbezirks ist in diesem Falle nicht erforderlich. In den Wirkungen bleibt es sich gleich, ob der Belagerungszustand vorläufig oder durch das Staatsministerium endgültig erklärt wird; nur die Vollstreckung kriegsgerichtlicher Erkenntnisse bleibt bei der vorläufigen Erklärung des Belagerungszustandes bis zu seiner Bestätigung ausgesetzt.

1. Einzelstaatlicher Belagerungszustand wegen Aufruhrs Ziff. 5—11. Aufzählung der Staaten Ziff. 5—7, Begriffsbestimmungen Ziff. 8 und 9, Zweck Ziff. 10, Meldungen Ziff. 11.

2. In Preußen kann wegen Aufruhrs der Belagerungszustand durch Militärbefehlshaber nur vorläufig erklärt werden. § 2 des Ges. v. 1851.

3. Wegen des Begriffes „Aufruhr" s. S. 150.

Belagerungszust. wegen Aufruhrs in Elsaß-Lothringen.

6. In Elsaß-Lothringen ist nur der Gouverneur oder Kommandant einer Festung befugt, im Falle eines Aufruhrs selbständig den Belagerungszustand zu erklären und nur für das Gebiet der eigentlichen Festung bis 1 km über die äußere Linie der Befestigungen hinaus. (Französisches Gesetz vom 9. 8. 1849.) Hinsichtlich der Ausführung des Belagerungszustandes gelten dann die Bestimmungen des französischen Gesetzes vom 9. 8. 1849 und nicht die des preußischen Gesetzes vom 4. 6. 1851.

1. Hier ist die Erklärung des Kriegszustandes wegen Aufruhrs behandelt. Meldung nach Ziff. 11 Abs. 2 der Vorschrift.

2. Wegen vorläufiger Erklärung des Kriegszustandes im Falle eines begonnenen oder drohenden Krieges s. Ziff. 4 Abs. 2.

Belagerungszust. wegen Aufruhrs im übrigen Bundesgebiet.

7. Im übrigen Bundesgebiet sind für die Erklärung des Belagerungszustandes im Falle eines Aufruhrs die Bestimmungen der betreffenden Verfassung und der Landesgesetze maßgebend (s. auch Ziff. 2).

Welche Bestimmungen in Frage kommen, ist im voraus durch die Kommandierenden Generale zu klären und den in Frage kommenden Militärbefehlshabern bekannt zu geben.

Die Militärbefehlshaber sind ermächtigt, bei Handhabung des von den Einzelregierungen auf Grund etwaiger landesgesetzlicher Bestimmungen verhängten Kriegs- oder Belagerungszustandes mitzuwirken.

1. Gemeint ist unter dem „übrigen" Bundesgebiet das Bundesgebiet außer Preußen, Bayern, Elsaß-Lothringen.

2. Erklärung des Belagerungszustandes im Kriegsfalle im übrigen Bundesgebiet ist nicht vorgesehen; s. S. 142 Ziff. 4 Anm. 3.

3. Die einzelstaatlichen Bestimmungen wegen Aufruhrs sollen tunlichst vor den reichsgesetzlichen zur Anwendung kommen. Ziff. 2 der Vorschrift.

4. Die Ermächtigung an die Befehlshaber zur Mitwirkung ist durch die Vorschrift ein für allemal erteilt, um das staatsrechtliche Bedenken zu beseitigen, ob auch die Einzelstaaten, namentlich diejenigen, welche die Ausübung der Kontingentsherrlichkeit an Preußen abgegeben haben, zur Übertragung von Verwaltungsrechten an die Befehlshaber befugt, und diese zur Annahme der übertragenen Aufgabe berechtigt sind.

5. Zusammenstellung der vorhandenen Gesetze, und zwar:

a) über Kriegs- und Belagerungszustand (s. S. 131, 132 Vorbem. 2 zur zweiten Abteilung);

b) über Einschreiten der bewaffneten Macht bei Unruhen im ordentlichen Friedenszustand, und über Waffengebrauch des Militärs (s. S. 30 Vorbem. 4 zur ersten Abteilung);

c) über Haftung des Staats und der Gemeinden für die bei Aufläufen vorgekommenen Schäden (s. II Z. 8). Vgl. besonders Bücher, Belagerungszustand, S. 11 ff., und Möricke, Die deutschen Tumultgesetze (Rechtseinheit, Heft V), Diss. 1910.

I. Deutsches Reich (außer Bayern).

a) Art. 68 Reichsverfassung; Preuß. Ges. v. 4. Juni 1851, § 4 EG. z. RStGB.

b) Keine Regelung.

c) Reichsges. v. 22. Mai 1910, Art. 108 EG. z. BGB. v. 18. Aug. 1896, §§ 823 ff. BGB.

II. Gebiet des Preußischen Kontingents.

1. Preußen.

a) Art. 111 Preuß. Verfassung; Ges. v. 4. Juni 1851 (neue Prov. V. v. 25. Juni 1867, Meisenheim V. v. 13. u. 20. Sept. 1867, Jadegebiet, Ges. v. 23. März 1873, Helgoland, Ges. v. 22. März 1891). Vgl. Brüß, Belagerungszustand, Erlangen 1897, S. 25 ff.; Haldy, desgl.

b) Vgl. S. 15 Vorbem. 2 zur ersten Abteilung.

c) § 11 V. v. 17. Aug. 1835, Ges. v. 11. März 1850, Art. 108, EG. z. BGB. Vgl. II 8 (Urt. RG. in Zivils. 67 236 betr. Fall Biewald, darüber Möricke S. 28).

2. Baden.

a) Ges. v. 29. Jan. 1851, den Kriegszustand betreffend, und Ges. v. 29. Jan. 1851, das Standrecht betreffend.

b) Art. 66 Abs. 2 RVerf., Art. 13 der MilKonv. v. 25. Nov. 1870, Landesh. V. v. 3. Febr. 1872 betr. den Waffengebrauch des Militärs und dessen Mitwirkung zur Erhaltung der öffentlichen Ruhe und Ordnung (Ges. u. VBl. S. 81).

c) Tumultges. v. 13. Febr. 1851 (RegBl. S. 155), Französ. Ges. v. 2. Okt. 1795. Vgl. hierzu besonders Moericke, S. 9 ff. S. auch unter VI (Elsaß-Lothringen).

3. Hessen.

a) Hess. VerfUrk. Vgl. V. v. 22. Juli 1870 in Nr. 31 Hess. Reg.Bl. von 1870, S. 441 ff. Vgl. Cosak, Staatsr. d. Großh. Hessen, S. 102.

b) Art. 12, 13 MilKonv. v. 13. Juni 1871, Ges. v. 27. Nov. 1872 betr. Waffengebrauch des Militärs (Hess. Reg.Bl. S. 430).

c) Art. 275 AusfGes. z. BGB., Ges. v. 3. März 1859, Neufassung v. 30. Sept. 1899 (Reg.Bl. S. 277).

4. Mecklenburg-Schwerin.

a) Landesrechtliche Regelung fehlt. V. v. 13. Juli 1870 betr. Veröffentl. des Pr. Ges. v. 4. Juni 1851 wegen des Art. 68 RVerf. (also reichsrechtlich!). Die außer Kraft tretenden Best. der Landesgesetze sollen eintretendenfalls vom Staatsmin. bezeichnet werden.

b) Landesh. V. v. 13. Juli 1870 betr. Inkrafttreten des Pr. Ges. v. 20. März 1837 und §§ 8, 9 Preuß. V. v. 17. Aug. 1835. An Stelle der übr. Vorschr. der V. v. 35 sollen die Landesgesetze in Geltung bleiben.

c) Regelung fehlt.

5. Sachsen-Weimar.

a) Regelung fehlt.

b) MinBek. v. 11. Jan. 1854 betr. Zuständigkeit der Justiz- und Polizeibehörden zur Requisition militärischer Hilfe.

c) Regelung fehlt.

6. Mecklenburg-Strelitz.

a) Landesh. V. v. 13. Juli 1870 (Off. Anz. f. Ges.geb. S. 125), bestimmt lediglich, daß bei Verhängung des Kriegszustandes durch den Kaiser die der Preuß. Verfassungsurkunde entsprechenden außer Kraft zu setzenden Vorschriften der Landesgesetze durch die Landesregierung eintretendenfalls bestimmt werden. Für den innerstaatlichen Belagerungszustand fehlen Bestimmungen.

b) Landesh. V. v. 13. Juli 1870 (Off. Anz. f. Ges.geb. S. 126) übernimmt das Preuß. Ges. v. 20. März 1837 und §§ 8, 9 der Preuß. V. v. 17. Aug. 1835 mit der Bestimmung, daß an Stelle der nicht abgedruckten Vorschriften der Preuß. V. v. 17. Aug. 1835 die bestehenden bezüglichen Landesgesetze ihre Geltung behalten.

c) Regelung fehlt.

7. Oldenburg.

a) und b) Art. 53, 54 rev. Staatsgrundges. v. 22. Nov. 1852 (GesBl. S. 145). Von einem eigentlichen Belagerungszustand kann man kaum sprechen, da der Übergang der vollziehenden Gewalt auf das Militär nicht vorgesehen ist. Es können aber im

Falle eines Aufstandes gewisse Verfassungsgrundsätze außer Kraft gesetzt und es kann „das Standrecht" angeordnet werden.

c) Regelung fehlt.

8. Braunschweig.

a) Regelung fehlt.

b) MilKonv. v. 9./18. März 1886, eingef. d. H. V. v. 1. April 1886 (Ges. u. VBl. Nr. 21).

c) Städteordnung v. 19. März 1850 in der Fassung v. 19. Juli 1892, Art. 203—208, Landgemeindeordnung v. 18. Juni 1892, §§ 145—150.

9. Sachsen-Altenburg.

a) Regelung fehlt.

b) Ges. v. 25. März 1837, §§ 11—13.

c) Regelung fehlt.

10. Sachsen-Meiningen.

a) Regelung fehlt.

b) MinBek. v. 14. Juni 1880 mit Abdruck des PreußGes. vom 20. März 1837. Sammlg. d. Landesh. V. S. 275.

c) Regelung fehlt.

11. Sachsen-Koburg-Gotha.

a) § 131 des Staatsgrundges. v. 3. Mai 1852 (kleiner Belagerungszustand).

b) Regelung fehlt.

c) Art. 21 AusfGes. z. BGB.

12. Anhalt.

a) §§ 19 ff. Ges. v. 24. März 1850 (GesS. S. 377). (Kleiner Belagerungszustand).

b) Regelung fehlt.

c) Art. 31 AusfGes. z. BGB.

13. Schwarzburg-Sondershausen.

a) Regelung fehlt.

b) MinBekm. v. 2. Jan. 1868, betr. Publikation Preuß. Gesetze.

c) Art. 20 AusfGes. z. BGB.

14. Schwarzburg-Rudolstadt.

a) Regelung fehlt.

b) MilBek. v. 23. Aug. 1881 betr. Veröff. d. Preuß. Ges. über den Waffengebrauch des Militärs v. 20. März 1837, einschl. V. v. 17. Aug. 1835, MinV. v. 23. Aug. 1881 betr. Dienstinstr. f. d. Gendarmerie (§ 24, Waffengebrauch).

c) Art. 53—58 AusfGes. z. BGB.

15. Waldeck.

a) § 138 Staatsgrundges. v. 29. Mai 1849 (RegBl. S. 49). Kleiner Belagerungszustand.

b) Art. 4 Ziff. 3 Schluß-Prot. MilKonv. v. 6. Aug. 1867. Folgeleistung auf Requisition „nach den darüber bestehenden Preußischen Vorschriften".

c) Regelung fehlt.

16. Reuß ältere Linie.

a) und b) Regelung ist noch nicht erfolgt.

c) Regelung fehlt.

17. Reuß jüngere Linie.

a) und b) Regelung ist nicht erfolgt.

c) Regelung fehlt.

18. Schaumburg-Lippe.

a) Regelung fehlt.

b) Art. 2, Schlußprot. I MilKonv. v. 25. Sept. 1873 (30. Juni 1867).

c) Regelung fehlt.

19. Lippe.

a) § 3, Ges. v. 8. Dez. 1867 (kleiner Belagerungszustand).

b) Regelung fehlt.

c) Regelung fehlt.

20. Lübeck.

a) Regelung fehlt.

b) §§ 3, 6, 7 MilKonv. v. 27. Juni 1867, V. v. 18. Sept. 1867 über den Waffengebrauch des Militärs (Nr. 38 der S.L.V. u. V. von 1867, S. 326).

c) Regelung fehlt.

21. Bremen.

a) Regelung fehlt. Kleiner Belagerungszustand, § 20 der Verf. v. 1. Jan. 1894.

b) Obrigk. V. v. 6. Dez. 1867, das Einschreiten des Militärs gegen Zivilpersonen betreffend (GesS. S. 159).

c) Regelung fehlt.

22. Hamburg.

a) Regelung fehlt. Kleiner Belagerungszustand, Art. 102, 103 der Verf. v. 13. Okt. 1879.

b) §§ 4—7 Konv. v. 23. Juli 1867, V. v. 2. Okt. 1867 betr. Einschreiten des Militärs gegen Zivilpersonen (Hamb. GesS. 1867, 1 97).

c) Regelung fehlt.

III. Sachsen.

a) § 13 Ges. v. 10. Mai 1851, das Verfahren bei Störung der öff. Ruhe und Ordnung betreffend (Ges. u. VBl. S. 118), MinErl. v. 18. Mai 1872 (GVBl. S. 249), MinErl. v. 25. April 1895 (GVBl. S. 55).

b) Best. f. d. mil. Wachen in Hins. der von ihnen vorzunehmenden Festnahmen und des Waffengebrauchs, v. 15. März 1902 — mit Preuß. Ges. v. 20. März 1837 und §§ 8, 9 Pr. V. v. 17. Aug. 1835, zur öff. Kenntn. gebr. durch MinV. v. 31. Juli 1902 (Ges. u. VBl. 1902 S. 326).

c) § 1496 Sächs. BGB.

IV. Württemberg.

a) § 89 Württ. VerfUrk. (kl. Belagerungszust.).

b) Kgl. Erl. v. 27. Mai 1878 betr. Waffengebrauch (MinVBl. 78 S. 101). Art. 1 und 3, Abs. 1, 3—5 des Ges. v. 28. Aug. 1849, betr. Verf. b. Aufgebot d. bew. Macht g. Zusammenrottungen und Aufruhr. Die PreußAKO. v. 1820 ist nicht eingeführt.

c) Ges. v. 28. Aug. 1849 betr. das Verf. b. d. Aufgebote d. bew. Macht geg. Zusammenrottung.

V. Bayern.

a) Ges. v. 5. Nov. 1912 betr. Kriegszustand.

Standrecht im Bayer. StGB. von 1813, Art. 441—456 (441 in der Fassung des Art. 3 Ziff. 12, AG. z. StPO.), (I Art. 323?), § 7 Abs. 2 RG. v. 22. April 1871. Pfalz zweifelhaft. Vgl. Brüß, Belagerungszustand S. 30 ff.

b) Tit. IX § 6 Bayer. Verf. v. 26. Mai 1818, Ges. v. 4. Mai 1851 (GesBl. S. 9).

c) Rechtsrheinisch Ges. v. 12. März 1850 (GBl. S. 74), Art. 14 des Ges. v. 4. Mai 1851. Linksrheinisch Art. IV und V des franz. Ges. v. 10 Vendemiaire IV. (So Erhard, Schadensers. bei Aufläufen in B. Dietz Handw., während nach Staudinger, Komm. z. BGB. das Ges. v. 4. Mai 1851 durch Art. 142 AusfGes. z. BGB. auf die Pfalz erstreckt ist.

VI. Elsaß-Lothringen.

a) Ges. über die Vorbereitung des Kriegszustandes v. 30. Mai 1892, französ. Ges. v. 9. Aug. 1849 (von Möller, Sammlung der in Elsaß-Lothringen geltenden Gesetze, 2 647), in Verb. mit § 10 RG. v. 30. Dez. 1871. Vgl. Brüß, Belagerungszustand, Erlangen 1897, S. 81.

b) Vgl. Vorbem. 4 zur ersten Abteilung.

c) „Gesetz über die innere Polizei der Gemeinden der Republik" vom 10. Vendemiaire des Jahres IV (2. Oktober 1795), abgedruckt in von Möllers Sammlung (s. unter a) II, 79. — Vgl. dazu auch Möricke, Tumultgesetze, S. 3 ff.

Begriff des Aufruhrs.

8. Als Aufruhr ist nach §§ 113—115 des Strafgesetzbuches für das Deutsche Reich anzusehen, wenn bei einer öffentlichen Zusammenrottung mit vereinten Kräften:

a) einem Beamten, welcher zur Vollstreckung von Gesetzen, von Befehlen und Anordnungen der Verwaltungsbehörden oder von Urteilen und Verfügungen der Gerichte berufen ist, in der rechtmäßigen Ausübung seines Amtes durch Gewalt oder durch Bedrohung mit Gewalt Widerstand geleistet, oder wenn ein solcher Beamter während der rechtmäßigen Ausübung seines Amtes tätlich angegriffen wird, oder wenn

b) die gleiche Handlung (a) gegen Personen, welche zur Unterstützung des Beamten zugezogen waren, oder gegen Mannschaften der bewaffneten Macht oder gegen Mannschaften einer Gemeinde-, Schutz- oder Bürgerwehr in Ausübung des Dienstes begangen wird,

c) es unternommen wird, durch Gewalt oder Drohung eine Behörde oder einen Beamten zur Vornahme oder Unterlassung einer Amtshandlung zu nötigen.

Die Bestimmung gibt eine Auslegung des im § 2 des Preuß. Ges. v. 4. Juni 1851 gebrauchten Ausdrucks „Aufruhr".

Dringende Gefahr für die öffentliche Sicherheit.

9. Ob im Falle eines Aufruhrs „dringende Gefahr für die öffentliche Sicherheit" vorhanden ist, muß nach den demselben vorangegangenen und ihn begleitenden Umständen sowie nach dem Umfange und dem Charakter desselben jedesmal beurteilt werden.

Der Ausdruck findet sich im § 2 des Preuß. Ges. v. 4. Juni 1851.

Zweck der Erklärung des Belagerungszustandes in Friedenszeiten.

10. Der Zweck der Erklärung des Belagerungszustandes in Friedenszeiten ist, die durch Aufruhr entstandene dringende Gefahr für die öffentliche Sicherheit durch möglichst baldige Wiederherstellung der gestörten inneren Ruhe dauernd zu beseitigen.

Diesen Gesichtspunkt muß der Militärbefehlshaber bei Ausübung der in seine Hand gelegten vollziehenden Gewalt festhalten.

Die Hauptsache bleibt hierbei, sowie überhaupt bei jedem selbständigen Handeln eines Militärbefehlshabers, zum Zwecke der Wiederherstellung der inneren Ruhe und der Ausführung der Gesetze, daß der Militärbefehlshaber sich nicht scheut, mit seiner Persönlichkeit vorzutreten, und daß er niemals zögert, die Verantwortlichkeit für ein entschiedenes Handeln zu übernehmen.

1. Vgl. II Z. 5 Abs. 3.

2. Der Übergang der vollziehenden Gewalt an den Militärbefehlshaber beruht auf § 4 des Ges. v. 4. 6. 1851. Der Übergang hat nach dem Gesetz die Wirkung, daß alle Zivilverwaltungs- und Gemeindebehörden des betroffenen Gebietes den Anordnungen und Aufträgen des Militärbefehlshabers Folge leisten müssen. Höhere Zivilbehörden werden insoweit nicht berührt, als ihre Zuständigkeit über das betroffene Gebiet hinausgeht. Verantwortlich für die Anordnungen ist nur der Militärbefehlshaber. Vgl. hierzu Brüß, Belagerungszustand, Erlangen 1897, S. 61 ff. Über die Prüfungspflicht der Behörden s. Laband, 4 456, andererseits Ebermayer, § 4 Anm. 4.

3. Vollziehende Gewalt im Sinne des Gesetzes ist die gesamte innere Verwaltung einschließlich Finanzverwaltung, als vollziehende und regierende Tätigkeit. Vgl. v. Nicolai, S. 21, Ebermayer, § 4 Anm. 1. Der Befehlshaber bleibt an die Gesetze, soweit sie nicht außer Kraft gesetzt werden können, gebunden. Die Nachprüfung seiner Anordnungen im Wege der Verwaltungsgerichtsbarkeit ist ausgeschlossen.

Vorläufige Erklärung des Belagerungszustandes.

11. Hat in Preußen ein Militärbefehlshaber den Belagerungszustand vorläufig erklärt, so hat er unverzüglich in jedem einzelnen Falle Seiner Majestät dem Kaiser und König davon Meldung zu machen. — Zugleich hat er darüber an das Kriegsministerium ausführlich zu berichten, um dadurch den Kriegsminister in den Stand zu setzen, die Bestätigung des Belagerungszustandes bei dem Staatsministerium ungesäumt zu beantragen.

Wird in Elsaß-Lothringen ein Festungsgebiet im Falle eines Aufruhrs in den Belagerungszustand erklärt, so ist in gleicher Weise zu verfahren.

1. Die vorläufige Erklärung beruht auf § 2 des Ges. vom 4. Juni 1851.

2. Über Elsaß-Lothringen vgl. III Z. 6 der Vorschrift.

Zweiter Unterabschnitt.

Form und Durchführung der Erklärung des Kriegs- und Belagerungszustandes.

Verkündung.

12. Die Erklärung des Kriegs- und Belagerungszustandes ist durch etwa folgendermaßen lautende Bekanntmachung an geeigneten Plätzen unter Trommelschlag oder Trompetenschall der Bevölkerung zu verkünden:

Auf Befehl Seiner Majestät des Kaisers und Königs

(oder wenn in Preußen die Erklärung durch das Staatsministerium erfolgt)

Durch Verfügung des preußischen Staatsministeriums

(oder wenn in Preußen die Erklärung auf Antrag des Verwaltungschefs des Regierungsbezirks erfolgt)

Auf Antrag des . . . .

(oder wenn dies, bei Gefahr im Verzuge, in Preußen ohne Antrag des Verwaltungschefs des Regierungsbezirks geschieht)

> Auf meinen, des N., Befehl wird der Ortsbezirk von N. (oder der N. Kreis, Regierungsbezirk) vorläufig hierdurch in den Kriegs- (Belagerungs-) Zustand erklärt. Die vollziehende Gewalt geht hierdurch an mich über.
>
> Die näheren Verordnungen werde ich sofort bekannt machen lassen.

Außerdem ist diese Erklärung des Kriegs- (Belagerungs-) Zustandes durch Mitteilung an die Gemeindebehörden, durch Anschlag an öffentlichen Plätzen und durch öffentliche Blätter ohne Verzug zur allgemeinen Kenntnis zu bringen. Die Bestätigung des vorläufig erklärten Belagerungszustandes ist in gleicher Weise der Bevölkerung mitzuteilen. Den ihm untergebenen Truppen hat der Militärbefehlshaber bekannt zu geben, daß sie während des Kriegs- und Belagerungszustandes unter den Vorschriften stehen, die im Felde für strafbare Handlungen gelten.

Ferner sind die Strafbestimmungen der §§ 8 und 9 des Gesetzes vom 4. 6. 1851 (Anl. I) zur Warnung durch Anschlag an öffentlichen Plätzen und durch die Presse in Erinnerung zu bringen.

1. Die Form der Verkündung, d. h. der Kundmachung an die betroffene Bevölkerung, beruht auf § 3 des Ges. v. 4. 6. 1851. Vgl. v. Nicolai, S. 18. Im Zeitpunkt der Verkündung geht die vollziehende Gewalt über. Es genügt die Verkündung am Sitze des Befehlshaber . Ober-Trib. v. 19. April 1871, in Oppenhoff, Rechtspr. i. OTr. 12 215. Die übrigen Vorschriften des Gesetzes über die Bekanntmachung sind Sollvor-

schriften, d. h. für die Geltung des Belagerungszustandes belanglos. Gl. Ans. Ebermayer, § 3 Anm. 2.

2. Das Wort „vorläufig" im vierten Muster bezieht sich nur auf den Fall der Ziff. 3 der Vorschrift. Anderenfalls ist es wegzulassen.

3. Über die Vorschriften des MStGB. im Felde s. §§ 9 und 10 MStGB. und Vorbem. 4 zum III. Abschnitt, S. 134.

4. Über die Strafbestimmungen der §§ 8 und 9 des Gesetzes v. 4. 6. 1851 s. S. 139, 140, Ziff. 3 der Vorschrift, Anm. 1d und 3.

Die Bekanntgabe soll als Warnung der Bevölkerung dienen.

Außerkraftsetzung von Verfassungsbestimmungen.

13. Wird es bei Erklärung des Kriegs- und Belagerungszustandes oder während desselben erforderlich, so können in Preußen während der Dauer des Zustandes für die betreffenden Orte und Gebiete folgende Bestimmungen der Verfassungsurkunde vom 31. 1. 1850 einzeln oder gemeinsam außer Kraft gesetzt werden:

a) über die Gewährleistung der persönlichen Freiheit und die Unverletzlichkeit der Wohnung (Art. 5 und 6),

b) über die Unzulässigkeit von Ausnahmegerichten (Art. 7),*)

c) über die freie Presse (Art. 27 und 28),**)

---

*) § 16 des Gerichtsverfassungsgesetzes vom 27. Januar 1877: Ausnahmegerichte sind unstatthaft.

Niemand darf seinem gesetzlichen Richter entzogen werden. Die gesetzlichen Bestimmungen über Kriegsgerichte und Standrechte werden hiervon nicht berührt.

**) § 30 des Reichsgesetzes über die Presse vom 7. Mai 1874: Die für Zeiten der Kriegsgefahr, des Krieges, des erklärten Kriegs- (Belagerungs-) Zustandes oder innerer Unruhen (Auf-

d) über das Vereins- und Versammlungsrecht (Art. 29, 30)*) und

e) über die Beschränkung der bewaffneten Macht in betreff der Teilnahme an der Unterdrückung innerer Unruhen (Art. 36).

Abdruck der Artikel s. Anl. III.

Wird der Belagerungszustand vorläufig erklärt, so hat hierüber der betreffende Militärbefehlshaber zu bestimmen.

In den übrigen Bundesstaaten kommen bei Erklärung des Kriegszustandes (vgl. Ziff. 2) die entsprechenden Artikel ihrer Verfassung in Frage. Auch diese sind im voraus von den Kommandierenden Generalen festzustellen, damit jede Unsicherheit vermieden wird.

1. Die Vorschrift beruht auf Art. 111 PreußVerf. und § 5 des Ges. v. 4. 6. 1851. Vgl. die Kommentare zur PreußVerf. Art. 111 von Arndt, Schwartz und Anschütz.

2. Der Rechtszustand nach Aufhebung der Verfassungsbestimmungen ist also:

a) Festnahmen sind zulässig, soweit sie im öffentlichen Interesse liegen. Vgl. aber Ziff. 14c der Vorschrift. Haussuchungen und Beschlagnahmen von Briefen und Papieren unterliegen keiner Beschränkung. Auch sonst

---

ruhrs) in bezug auf die Presse bestehenden besonderen gesetzlichen Bestimmungen bleiben auch diesem Gesetze gegenüber bis auf weiteres in Kraft.

*) Nach § 24 des Reichsvereinsgesetzes vom 19. April 1908 bleiben die Vorschriften des Landesrechtes in bezug auf Vereine und Versammlungen für die Zeiten der Kriegsgefahr, des Krieges, des erklärten Kriegs- (Belagerungs-) Zustandes oder innerer Unruhen (Aufruhrs) unberührt.

können Verbote aller Art erlassen werden. Beispiel Ziff. 14e der Vorschrift.

b) Die in §§ 10 fg. des Gesetzes v. 4. 6. 1851, Ziff. 15 der Vorschrift vorgesehenen Kriegsgerichte (über Zivilpersonen, also nicht zu verwechseln mit den erkennenden Gerichten der MStGO.) können gebildet werden. Vgl. auch den S. 155 in Fußnote * angeführten § 16 GVG.

c) Die Presse kann verboten und vorgängig durchgesehen werden. Vgl. auch den S. 155 in Fußnote ** angeführten § 30 des Reichspreßgesetzes.

d) Vereine und Versammlungen unterliegen dem Verbot und der Aufsicht. Vgl. auch den S. 156 in Fußnote * angeführten § 24 des Reichsvereinsgesetzes.

e) Das Einschreiten des Militärs aus eigenem Recht ist, genau genommen, schon aus der Erklärung des Kriegs- oder Belagerungszustandes gegeben. Anschütz, Preuß. Verf. S. 568.

3. Zu Abs. 2. Die vorläufige Erklärung des Belagerungszustandes erfolgt nach Preußischem Recht gemäß § 1 des Ges. v. 4. 6. 1851.

4. a) Bei Erklärung des Kriegszustandes für das Reich (außer Bayern) durch den Kaiser können, wie in Preußen die genannten Artikel der Preußischen Verfassung, so in den übrigen Bundesstaaten die entsprechenden Verfassungsartikel ihrer Verfassungen soweit außer Kraft gesetzt werden. Die Generalkommandos haben diejenigen Verfassungsartikel, die außer Kraft treten sollen, zur Vermeidung von Unklarheiten vorher genau festzustellen und dies zu verkünden.

Es kommen in Frage:

1. Baden. VerfUrk. v. 22. Aug. 1818, Neured. v. 26. Aug. 1904. S. auch S. 145.

2. Hessen. VerfUrk. v. 17. Dez. 1820, S. auch S. 145.

3. Mecklenburg-Schwerin. Wird vom Staatsmin. festgesetzt. V. v. 13. Juli 1870.

4. Sachsen-Weimar. Grundges. v. 5. Mai 1816 und 15. Okt. 1850, Nachtrag v. 27. März 1878.

5. Mecklenburg-Strelitz. Wird von der Landesregierung festgesetzt. Vgl. V. v. 13. Juli 1870 (off. Anz. S. 125).

6. Oldenburg. Art. 39—42, 46, 50, 53 Staatsgrundgesetz v. 22. Nov. 1852.

7. Braunschweig. §§ 32, 33, 201, 31, 30 der B. Landschaftsordng. v. 12. Okt. 1832 (Ges. u. VBl. Nr. 18).

8. Sachsen-Meiningen. VerfUrk. v. 23. Aug. 1829.

9. Sachsen-Altenburg. Verf. v. 29. April 1831.

10. Sachsen-Koburg-Gotha. Staatsgrundges. vom 3. Mai 1852, § 131.

11. Anhalt. VerfUrk. v. 28. Febr. 1850 und 1859.

12. Schwarzburg-Sondershausen. Verf. vom 12. Dez. 1849, Landesgrundges. v. 8. Juli 1857.

13. Schwarzburg-Rudolstadt. VerfUrk. vom 21. März 1854.

14. Waldeck. Staatsgrundges. v. 29. Mai 1849 (RegBl. S. 49), Verf. v. 17. Aug. 1852.

15. Reuß ä. L. Verf. v. 28. März 1867.

16. Reuß j. L. Rev. Staatsgrundges. v. 14. April 1852.

17. Schaumburg-Lippe. Verf. v. 17. Nov. 1868.

18. Lippe. Verf. von 1836.

19. Lübeck. Verf. v. 5. April 1875, Neuveröffentl. v. 2. Okt. 1907.

20. Bremen. §§ 7, 10, 13, 16 Verf. v. 1. Jan. 1894.

21. Hamburg. Art. 102 Verf. v. 13. Okt. 1879. S. Wolffson, Hamburgs Verfassung S. 23, in Marquardsen, Öff. Recht.

22. Elsaß-Lothringen s. S. 150.

23. Sachsen. Verf. v. 4. Sept. 1831.

24. Württemberg. Verf. v. 25. Sept. 1819.

b) Bei Erklärung des Belagerungszustandes nach dem Rechte der Einzelstaaten kommen unmittelbar die Vorschriften des Einzelstaates, die nach Ziff. 7 der Vorschrift gleichfalls festzustellen sind, zur Anwendung.

Veröffentlichung der Außerkraftsetzung von Verfassungsgrundsätzen.

14. Sollen die aufgeführten Artikel außer Kraft gesetzt werden, so ist dieses etwa folgendermaßen bekannt zu geben:

„Mit Bezug auf meine Bekanntmachung vom heutigen Tage, wonach ich den Ortsbezirk von N. (oder den Kreis N. oder Regierungsbezirk N.) in Belagerungszustand erklärt habe, setze ich die Artikel 5, 6, 7, 27, 28, 29, 30 und 36 der Verfassungsurkunde vom 31. Januar 1850 für den in Belagerungszustand erklärten Bezirk bis auf weitere Bestimmung außer Kraft und verordne, was folgt:

a) Die Zivilverwaltungs- und Gemeindebehörden verbleiben in ihren Funktionen, haben aber meinen Anordnungen und Aufträgen Folge zu leisten.

b) Zur Untersuchung und Aburteilung der in den §§ 8—10 des Gesetzes über den Belagerungszustand vom 4. Juni 1851 namhaft gemachten Verbrechen und Vergehen wird ein Kriegsgericht angeordnet, welches mit dem morgenden Tage in Tätigkeit tritt.

c) Haussuchungen und Verhaftungen können von den dazu berechtigten Behörden und Beamten zu jeder Zeit vorgenommen werden.

Sämtliche Wirtshäuser sind um 10 Uhr abends zu schließen.

d) Alle Fremden, welche über den Zweck ihres Aufenthalts sich nicht gehörig ausweisen können, haben den in Belagerungszustand erklärten Bezirk bei

Vermeidung der Ausweisung binnen 24 Stunden zu verlassen.*)

e) Der Verkauf von Waffen, Pulver und Sprengmitteln ist verboten. Fremden, welche bewaffnet, oder mit Pulver und Munition oder Sprengmitteln versehen, ankommen, sind diese Gegenstände abzunehmen.

Zivilpersonen dürfen nur dann Waffen tragen, wenn es ihnen von mir oder von der Ortspolizeibehörde ausdrücklich gestattet ist. Wer sich mit Waffen betreffen läßt, ohne eine solche Erlaubnis erhalten zu haben, wird streng bestraft.

f) Die Herausgabe der N.-Zeitung, des N.-Blattes (hier sind die Zeitungen und öffentlichen Blätter zu bezeichnen, deren zeitweilige Unterdrückung für nötig erachtet wird)
wird verboten.

g) Plakate, Zeitungen und andere Schriften dürfen nur dann gedruckt, öffentlich verkauft oder sonst verbreitet werden, nachdem die Ortspolizei-Behörde die Erlaubnis dazu erteilt hat.

h) Alle Klubs und Vereine zu politischen Zwecken oder zur Besprechung politischer Angelegenheiten sind geschlossen.

---

*) § 9 des Gesetzes über das Paßwesen v. 12. Okt. 1867.

Wenn die Sicherheit des Bundes oder eines einzelnen Bundesstaates oder die öffentliche Ordnung durch Krieg, innere Unruhen oder sonstige Ereignisse bedroht erscheint, kann die Paßpflichtigkeit überhaupt oder für einen bestimmten Bezirk oder zu Reisen aus und nach bestimmten Staaten des Auslandes, durch Anordnung des Bundespräsidiums vorübergehend eingeführt werden.

i) Bei Tage darf keine Versammlung von mehr als zehn Personen auf Straßen und öffentlichen Plätzen stattfinden; solche Versammlungen bei Nacht sind gänzlich verboten. — Versammlungen in geschlossenen Räumen zu anderen als rein geselligen oder kirchlichen Zwecken bedürfen meiner Genehmigung.

k) Die Verwendung der bewaffneten Macht zur Unterdrückung etwa vorkommender Aufruhrversuche erfolgt nach meinen Befehlen.

l) Wegen der Verpflichtung der Gemeinde zum Ersatz des bei öffentlichen Aufläufen verursachten Schadens verweise ich auf das Gesetz vom 11. März 1850 (Gesetz-Sammlung S. 199).

m) Der Betrieb der bürgerlichen Geschäfte, der staatlichen und der Privatarbeiten, des Handels und der Gewerbe wird durch den Belagerungszustand nicht beschränkt.

Auch werde ich die gesetzlich bestehenden Behörden bei Ausführung der von ihnen zu treffenden Maßregeln, insofern sie mit den vorstehenden Bestimmungen vereinbar sind, gern kräftigst unterstützen."

(Ort und Datum.)

(Unterschrift.)

Vorstehendes Muster bezieht sich auf den Belagerungszustand in Preußen, falls er vorläufig (Ziff. 13 Abs. 2 der Vorschrift) vom Befehlshaber erklärt wird.

Richtlinien für die Durchführung.

15. Der Militärbefehlshaber hat sich sodann sogleich wegen Bildung des außerordentlichen Kriegsgerichts mit dem Vorstande des Zivilgerichts des Orts in Verbindung zu setzen.

Die vorstehende Vorschrift soll jedem Militärbefehlshaber, der zur Mitwirkung zur Unterdrückung innerer Unruhen berufen wird, die Anleitung geben, wie er sich bei entschiedenem Handeln auf dem Boden des Gesetzes bewegen kann.

Die sachgemäße Vorbereitung aller erforderlichen Maßnahmen liegt in der Hand der Kommandierenden Generale.

Hierzu gehört die Kontrolle und richtige Verteilung des eisernen Bestandes an Munition bei den Truppen, der Vorräte an Konserven und sonstigen Verpflegungsgegenständen sowie der Verbandmittel. Die Kommandierenden Generale verfügen selbständig über die Truppen ihres Korpsbezirks; als Grundsatz ist hierbei festzuhalten, daß nur geschlossene Truppenteile zur Verwendung kommen. Je überwältigender die bewaffnete Macht auftritt, um so sicherer ist der Erfolg, um so geringer sind die Opfer. Die Sorge für Nachschub von Verpflegung und Munition, sowie die für die Verwundeten ist von gleicher Wichtigkeit wie in Kriegszeiten. Zur Leistung der hierfür erforderlichen Ausgaben bedarf es der besonderen Genehmigung des Kriegsministeriums nicht.

1. Kriegsgerichte s. §§ 10—15 des PreußGes. vom 4. Juni 1851 (S. 167 ff.).

a) Wegen Zuständigkeit der Kriegsgerichte s. § 10, 8, 9 des Ges. v. 4. 6. 1851, §§ 80—92, 113—122, 207, 211, 249—256, 306—308, 311—317 RStGB.

b) Bildung der Kriegsgerichte s. § 11 des Ges. v. 4. 6. 1851. Vorstand des Zivilgerichts des Orts ist der im Range höchste Richter des Ortes, nicht etwa des ganzen in Belagerungszustand erklärten

Gebietes, da es hier gerade darauf abgesehen ist, daß die örtlichen Behörden und Dienststellen sich alsbald zusammentun, um ein Kriegsgericht zu bilden (a. M. Ebermayer, § 11 Anm. 1).

b) Verfassung s. §§ 11 und 12 des Ges. v. 4. 6. 1851. Fünf Richter, von denen der richterliche Beamte den Vorsitz führt, ein Berichterstatter, ein Gerichtsschreiber.

c) Verfahren s. §§ 12 und 13 des Ges. v. 4. 6. 1851. Es ist absichtlich nur in den Umrissen gezeichnet. Alles Übrige ist dem Ermessen des Gerichts überlassen, dem die Befugnisse des militärischen Befehlshabers den nötigen Rückhalt geben. Entsprechende Anwendung der Vorschriften der Strafprozeßordnung auf vorhandene Lücken ist keineswegs, was auch sinnwidrig wäre, vorgeschrieben. A. M. Ebermayer, § 12 Anm. 2, wie hier aber Kleinfeller in der früheren Auflage.

α) Vorverfahren ist nicht vorgeschrieben, immerhin möglich.

β) Das Einschreiten erfolgt auf Antrag des Berichterstatters, aber auch von Amts wegen. (Der heutige Anklageformgrundsatz ist auf dieses Gesetz, welches einfachste Erledigung will, nicht zu übertragen.)

γ) Die Hauptverhandlung ist nach Ermessen öffentlich, ferner mündlich und unter Zulassung von Beweismitteln aller Art. Aussetzung liegt nicht im Geiste des Gesetzes, ist aber nicht völlig ausgeschlossen. Das Urteil erfolgt mit Stimmenmehrheit. Verteidigung ist zulässig, bei Verbrechen und Vergehen, die nach dem allgemeinen Strafrecht mit einer höheren Strafe als Gefängnis bis zu einem Jahre bedroht sind, notwendig (§ 13 Z. 2).

δ) Die Rechtskraft der Urteile tritt mit der Verkündigung ein, soweit Bestätigung notwendig ist, mit dieser. Rechtsmittel finden gegen die Urteile der Kriegsgerichte nicht statt. (§ 13 Z. 6, § 7 des Ges. v. 4. 6. 1851).

ε) Vollstreckung der Todesstrafe erfolgt seitens der Militärbehörde durch Erschießen. Ist die Todesstrafe bis zur Aufhebung des Ausnahmezustandes noch nicht vollstreckt, so wird sie nötigenfalls durch das ordentliche Gericht umgewandelt (§ 13 Z. 8 des Ges. v. 4. 6. 1851).

d) Übergang nicht erledigter Sachen an die ordentlichen Gerichte bei Aufhören des Ausnahmezustandes, s. §§ 14 und 15 des Ges. v. 4. 6. 1851. War das Urteil noch nicht bestätigt, so liegt ein rechtswirksames Urteil nicht vor. Das ordentliche Gericht muß die vom Kriegsgericht verhandelten Sachen als rechts hängig behandeln.

Anlage I.

Preußisches Gesetz über den Belagerungszustand.

Vom 4. Juni 1851. (GS. S. 451 ff.)

Wir, **Friedrich Wilhelm**, von Gottes Gnaden König von Preußen usw. usw.

verordnen mit Zustimmung der Kammern, was folgt:

§ 1.

Für den Fall eines Krieges ist in den von dem Feinde bedrohten oder teilweise schon besetzten Provinzen jeder Festungskommandant befugt, die ihm anvertraute Festung mit ihrem Rayonbezirke, der Kommandierende General aber den Bezirk des Armeekorps oder einzelne Teile desselben zum Zweck der Verteidigung in Belagerungszustand zu erklären.

§ 2.

Auch für den Fall eines Aufruhrs kann, bei dringender Gefahr für die öffentliche Sicherheit, der Belagerungszustand sowohl in Kriegs- als in Friedenszeiten erklärt werden.

Die Erklärung des Belagerungszustandes geht alsdann vom Staatsministerium aus, kann aber provisorisch und vorbehaltlich der sofortigen Bestätigung oder Beseitigung durch dasselbe in dringenden Fällen, rücksichtlich einzelner Orte und Distrikte, durch den obersten Militärbefehlshaber in denselben, auf den Antrag des Verwaltungschefs des Regierungsbezirkes, wenn aber Gefahr im Verzuge ist, auch ohne diesen Antrag erfolgen.

In Festungen geht die provisorische Erklärung des Belagerungszustandes von dem Festungskommandanten aus.

§ 3.

Die Erklärung des Belagerungszustandes ist bei Trommelschlag oder Trompetenschall zu verkünden und außerdem durch Mitteilung an die Gemeindebehörde, durch Anschlag an öffentlichen Plätzen und durch öffentliche Blätter ohne Verzug zur allgemeinen Kenntnis zu bringen. — Die Aufhebung des Belagerungszustandes wird durch Anzeige an die Gemeindebehörde und durch die öffentlichen Blätter zur allgemeinen Kenntnis gebracht.

§ 4.

Mit der Bekanntmachung der Erklärung des Belagerungszustandes geht die vollziehende Gewalt an die Militärbefehlshaber über. Die Zivilverwaltungs- und Gemeindebehörden haben den Anordnungen und Aufträgen der Militärbefehlshaber Folge zu leisten.

Für ihre Anordnungen sind die betreffenden Militärbefehlshaber persönlich verantwortlich.

§ 5.

Wird bei Erklärung des Belagerungszustandes für erforderlich erachtet, die Artikel 5, 6, 7, 27, 28, 29, 30 und 36 der Verfassungs-Urkunde, oder einzelne derselben, zeit- und distriktsweise außer Kraft zu setzen, so müssen die Bestimmungen darüber ausdrücklich in die Bekanntmachung über die Erklärung des Belagerungszustandes aufgenommen, oder in einer besonderen, unter der nämlichen Form (§ 3) bekannt zu machenden Verordnung verkündet werden.

Die Suspension der erwähnten Artikel oder eines derselben ist nur für den Bezirk zulässig, der in Belagerungszustand erklärt ist und nur für die Dauer des Belagerungszustandes.

§ 6.

Die Militärpersonen stehen während des Belagerungszustandes unter den Gesetzen, welche für den Kriegszustand erteilt sind. — Auch finden auf dieselben die §§ 8 und 9 dieser Verordnung Anwendung.

§ 7.

In den in Belagerungszustand erklärten Orten oder Distrikten hat der Befehlshaber der Besatzung (in den Festungen der Kommandant) die höhere Militärgerichtsbarkeit über sämtliche zur Besatzung gehörende Militärpersonen.

Auch steht ihm das Recht zu, die wider diese Personen ergehenden kriegsrechtlichen Erkenntnisse zu bestätigen. Ausgenommen hiervon sind nur in Friedenszeiten die Todesurteile; diese unterliegen der Bestätigung des Kommandierenden Generals der Provinz.

Hinsichtlich der Ausübung der niederen Gerichtsbarkeit verbleibt es bei den Vorschriften des Militär-Strafgesetzbuches.

§ 8.

Wer in einem in Belagerungszustand erklärten Orte oder Distrikte der vorsätzlichen Brandstiftung, der vorsätzlichen Verursachung einer Überschwemmung oder des Angriffs oder des Widerstandes gegen die bewaffnete Macht oder Abgeordnete der Zivil- oder Militärbehörde in offener Gewalt und mit Waffen oder gefährlichen Werkzeugen versehen sich schuldig macht, wird mit dem Tode bestraft.

Sind mildernde Umstände vorhanden, so kann, statt der Todesstrafe, auf zehn- bis zwanzigjährige Zuchthausstrafe erkannt werden.

§ 9.

Wer in einem in Belagerungszustand erklärten Orte oder Distrikte

a) in Beziehung auf die Zahl, die Marschrichtung oder angebliche Siege der Feinde oder Aufrührer wissentlich falsche Gerüchte ausstreut oder verbreitet, welche geeignet sind, die Zivil- oder Militärbehörden hinsichtlich ihrer Maßregeln irre zu führen, oder

b) ein bei Erklärung des Belagerungszustandes oder während desselben vom Militärbefehlshaber im Interesse der öffentlichen Sicherheit erlassenes Verbot übertritt, oder zu solcher Übertretung auffordert oder anreizt, oder

c) zu dem Verbrechen des Aufruhrs, der tätlichen Widersetzlichkeit, der Befreiung eines Gefangenen oder zu anderen im § 8 vorgesehenen Verbrechen, wenn auch ohne Erfolg, auffordert oder anreizt, oder

d) Personen des Soldatenstandes zu Verbrechen gegen die Subordination oder Vergehungen gegen die militärische Zucht und Ordnung zu verleiten sucht,

soll, wenn die bestehenden Gesetze keine höhere Freiheitsstrafe bestimmen, mit Gefängnis bis zu einem Jahre bestraft werden.

§ 10.

Wird unter Suspension des Artikels 7 der Verfassungs-Urkunde zur Anordnung von Kriegsgerichten geschritten, so gehört vor dieselben die Untersuchung und Aburteilung der

Verbrechen des Hochverrats, des Landesverrats, des Mordes, des Aufruhrs, der tätlichen Widersetzung, der Zerstörung von Eisenbahnen und Telegraphen, der Befreiung von Gefangenen, der Meuterei, des Raubes, der Plünderung, der Erpressung, der Verleitung der Soldaten zur Untreue und der in den §§ 8 und 9 mit Strafe bedrohten Verbrechen und Vergehen, insofern alle genannten Verbrechen und Vergehen nach der Erklärung und Bekanntmachung des Belagerungszustandes begangen oder fortgesetzte Verbrechen sind.

Als Hochverrat und Landesverrat sind, bis zur rechtlichen Geltung eines Strafgesetzbuchs für die ganze Monarchie,*) in dem Bezirke des Rheinischen Appellationshofes zu Köln die Verbrechen und Vergehen wider die innere und äußere Sicherheit des Staats (Artikel 75 bis 108 des Rheinischen Strafgesetzbuchs) anzusehen.

Ist die Suspension des Artikels 7 der Verfassungs-Urkunde nicht vom Staatsministerium erklärt, so bleibt in Friedenszeiten bei den von dem Kriegsgerichte eingeleiteten Untersuchungen die Vollstreckung des Urteils ausgesetzt, bis die Suspension vom Staatsministerium genehmigt ist.

§ 11.

Die Kriegsgerichte bestehen aus fünf Mitgliedern, unter denen zwei von dem Vorstande des Zivilgerichtes des Orte zu bezeichnende richterliche Zivilbeamte und drei von dem Militärbefehlshaber, welcher am Orte den Befehl führt, zu ernennende Offiziere sein müssen. Die Offiziere sollen mindestens Hauptmannsrang haben; fehlt es an Offizieren dieses höheren Ranges, so ist die Zahl aus Offizieren des nächsten Grades zu ergänzen.

*) Vgl. jetzt §§ 80—93 des Strafgesetzbuchs für das Deutsche Reich.

Sofern in einer vom Feinde eingeschlossenen Festung die erforderliche Zahl von richterlichen Zivilbeamten nicht vorhanden ist, soll dieselbe von dem kommandierenden Militärbefehlshaber aus den Mitgliedern der Gemeindevertretung ergänzt werden. Ist kein richterlicher Zivilbeamter in der Festung vorhanden, so ist stets ein Auditeur Zivilmitglied des Kriegsgerichts.

Die Zahl der Kriegsgerichte richtet sich, wenn eine ganze Provinz oder ein Teil derselben in Belagerungszustand erklärt ist, nach dem Bedürfnis, und den Gerichtssprengel eines jeden dieser Gerichte bestimmt in derartigen Fällen der Kommandierende General.

§ 12.

Den Vorsitz in den Sitzungen der Kriegsgerichte führt ein richterlicher Beamter.

Von den Vorsitzenden werden, bevor das Gericht seine Geschäfte beginnt, die zu Mitgliedern desselben bestimmten Offiziere und eintretenden Falls diejenigen Zivilmitglieder, welche dem Richterstande nicht angehören, dahin vereidigt,

> daß sie die Obliegenheiten des ihnen übertragenen Richteramtes mit Gewissenhaftigkeit und Unparteilichkeit den Gesetzen gemäß erfüllen wollen.

Der Militärbefehlshaber, welcher die dem Offizierstande angehörigen Mitglieder des Kriegsgerichts ernennt, beauftragt als Berichterstatter einen Auditeur oder in dessen Ermangelung einen Offizier. Dem Berichterstatter liegt ob, über die Anwendung und Handhabung des Gesetzes zu wachen und durch Anträge die Ermittelung der Wahrheit zu fördern. Stimmrecht hat derselbe nicht.

Als Gerichtsschreiber wird zur Führung des Protokolls ein von dem Vorsitzenden des Kriegsgerichts zu bezeichnender und von ihm zu vereidigender Beamter der Zivilverwaltung zugezogen.

§ 13.

Für das Verfahren vor den Kriegsgerichten gelten folgende Bestimmungen:

1. Das Verfahren ist mündlich und öffentlich; die Öffentlichkeit kann vom Kriegsgerichte durch einen öffentlich zu verkündigenden Beschluß ausgeschlossen werden, wenn es dies aus Gründen des öffentlichen Wohls für angemessen erachtet.
2. Der Beschuldigte kann sich eines Verteidigers bedienen. — Wählt er keinen Verteidiger, so muß ihm ein solcher von Amts wegen von dem Vorsitzenden des Gerichts bestellt werden, insofern es sich um solche Verbrechen oder Vergehen handelt, bei welchen nach dem allgemeinen Strafrecht eine höhere Strafe als Gefängnis bis zu einem Jahre eintritt.
3. Der Berichterstatter trägt in Anwesenheit des Beschuldigten die demselben zur Last gelegte Tatsache vor.

   Der Beschludigte wird aufgefordert, sich darüber zu erklären; demnächst wird zur Erhebung der anderweiten Beweismittel geschritten.

   Sodann wird dem Berichterstatter zur Äußerung über die Resultate der Vernehmungen und die Anwendung des Gesetzes und zuletzt dem Beschuldigten und seinem Verteidiger das Wort gestattet.

   Das Urteil wird bei sofortiger nicht öffentlicher Beratung des Gerichts nach Stimmenmehrheit gefaßt und unmittelbar darauf dem Beschuldigten verkündigt.
4. Das Gericht erkennt auf die gesetzliche Strafe oder auf Freisprechung oder Verweisung an den ordentlichen Richter.

Der Freigesprochene wird sofort aus der Haft entlassen. Die Verweisung an den ordentlichen Richter findet statt, wenn das Kriegsgericht sich für nicht kompetent erachtet; es erläßt in diesem Falle über die Fortdauer oder Aufhebung der Haft im Urteile zugleich besondere Verfügung.

5. Das Urteil, welches den Tag der Verhandlung, die Namen der Richter, die summarische Erklärung des Beschuldigten über die ihm vorgehaltene Beschuldigung, die Erwähnung der Beweisaufnahme und die Entscheidung über die Tatfrage und den Rechtspunkt, sowie das Gesetz, auf welches das Urteil begründet ist, enthalten muß, wird von den sämtlichen Richtern und dem Gerichtsschreiber unterzeichnet.

6. Gegen die Urteile der Kriegsgerichte findet kein Rechtsmittel statt. Die auf Todesstrafe lautenden Erkenntnisse unterliegen jedoch der Bestätigung des im § 7 bezeichneten Militärbefehlshabers, und zwar in Friedenszeiten der Bestätigung des Kommandierenden Generals der Provinz.

7. Alle Strafen, mit Ausnahme der Todesstrafe, werden binnen 24 Stunden nach der Verkündigung des Erkenntnisses, Todesstrafen binnen gleicher Frist nach Bekanntmachung der erfolgten Bestätigung an den Angeschuldigten zum Vollzug gebracht.

8. Die Todesstrafe wird durch Erschießen vollstreckt. Sind Erkenntnisse, welche auf Todesstrafe lauten, bei Aufhebung des Belagerungszustandes noch nicht vollzogen, so wird diese Strafe von den ordentlichen Gerichten in diejenige Strafe umgewandelt, welche, abgesehen von dem Belagerungszustande, die gesetzliche Folge der von dem Kriegsgerichte als erwiesen angenommenen Tat gewesen sein würde.

§ 14.

Die Wirksamkeit der Kriegsgerichte hört mit der Beendigung des Belagerungszustandes auf.

§ 15.

Nach aufgehobenem Belagerungszustande werden alle vom Kriegsgerichte erlassenen Urteile samt Belegstücken und dazu gehörenden Verhandlungen, sowie die noch schwebenden Untersuchungssachen an die ordentlichen Gerichte abgegeben; diese haben in den von dem Kriegsgerichte noch nicht abgeurteilten Sachen nach den ordentlichen Strafgesetzen und nur in den Fällen des § 9 nach den in diesem getroffenen Strafbestimmungen zu erkennen.

§ 16.

Auch wenn der Belagerungszustand nicht erklärt ist, können im Falle des Krieges oder Aufruhrs bei dringender Gefahr für die öffentliche Sicherheit die Artikel 5, 6, 27, 28, 29, 30 und 36 der Verfassungsurkunde oder einzelne derselben vom Staatsministerium zeit- und distriktsweise außer Kraft gesetzt werden.

§ 17.

Über die Erklärung des Belagerungszustandes, sowie über jede, sei es neben derselben (§ 5) oder in dem Falle des § 16 erfolgte Suspension auch nur eines der §§ 5 und 16 genannten Artikel der Verfassungsurkunde, muß den Kammern sofort, beziehungsweise bei ihrem nächsten Zusammentreten, Rechenschaft gegeben werden.

§ 18.

Alle diesem Gesetze entgegenstehenden Vorschriften werden aufgehoben.

Das gegenwärtige Gesetz tritt an die Stelle der Verordnung vom 10. Mai 1849 und der Deklaration vom 4. Juli 1849 (Gesetz-Sammlung Seite 165 und 250).

Urkundlich unter Unserer Höchsteigenhändigen Unterschrift und beigedrucktem Königlichen Insiegel.

Gegeben Potsdam-Magdeburger Eisenbahn, den 4. Juni 1851.

(L. S.) **Friedrich Wilhelm.**

v. Manteuffel. v. d. Heydt. v. Rabe. Simons.
v. Stockhausen. v. Raumer. v. Westphalen.

Anlage II.

Gesetz über die Vorbereitung des Kriegszustandes in Elsaß-Lothringen.

Vom 30. Mai 1892. (RGBl. S. 667).

Wir **Wilhelm**, von Gottes Gnaden Deutscher Kaiser, König von Preußen usw. usw.

verordnen im Namen des Reichs, nach erfolgter Zustimmung des Bundesrats und des Reichstags, was folgt:

Bis zum Erlaß eines für das gesamte Reichsgebiet geltenden Gesetzes über den Kriegszustand gelten für Elsaß-Lothringen folgende, mit dem Tage ihrer Verkündung in Kraft tretende Bestimmungen:

Für den Fall eines Krieges oder im Falle eines unmittelbar drohenden feindlichen Angriffs kann jeder mindestens in der Dienststellung eines Stabsoffiziers befindliche oberste Militärbefehlshaber zum Zweck der Verteidigung in dem ihm unterstellten Orte oder Landesteile vorläufig, bis zu der unverzüglich einzuholenden Entscheidung des Kaisers über die Verhängung des Kriegszustandes, die Ausübung der vollziehenden Gewalt übernehmen.

Die Übernahme der zu vollziehenden Gewalt erfolgt durch Erklärung des obersten Militärbefehlshabers gegenüber der Zivilverwaltungsbehörde des betreffenden Ortes oder Landesteiles. Diese Erklärung ist in ortsüblicher Weise öffentlich bekannt zu machen.

Die Zivilverwaltungs- und Gemeindebehörden haben den Anordnungen und Aufträgen der Militärbefehlshaber Folge zu leisten. Für ihre Anordnungen und Aufträge sind die betreffenden Militärbefehlshaber persönlich verantwortlich.

Über die getroffenen Verfügungen muß dem Bundesrat und Reichstag sofort, beziehungsweise bei ihrem nächsten Zusammentreten Rechenschaft gegeben werden.

Urkundlich unter Unserer Höchsteigenhändigen Unterschrift und beigedrucktem Kaiserlichen Insiegel.

Gegeben Neues Palais, den 30. Mai 1892.

(L. S.) **Wilhelm.**

Graf von Caprivi.

Anlage III.

Auszug aus der Verfassungsurkunde für den Preußischen Staat vom 31. Januar 1850.

Artikel 5.

Die persönliche Freiheit ist gewährleistet. Die Bedingungen und Formen, unter welchen eine Beschränkung derselben, insbesondere eine Verhaftung zulässig ist, werden durch das Gesetz bestimmt.

Artikel 6.

Die Wohnung ist unverletzlich. Das Eindringen in dieselbe und Haussuchungen sowie die Beschlagnahme von Briefen und Papieren sind nur in den gesetzlich bestimmten Fällen und Formen gestattet.

Artikel 7.

Niemand darf seinem gesetzlichen Richter entzogen werden. Ausnahmegerichte und außerordentliche Kommissionen sind unstatthaft.

Artikel 27.

Jeder Preuße hat das Recht, durch Wort, Schrift, Druck und bildliche Darstellung seine Meinung frei zu äußern.

Die Zensur darf nicht eingeführt werden, jede andere Beschränkung der Preßfreiheit nur im Wege der Gesetzgebung.

Artikel 28.

Vergehen, welche durch Wort, Schrift, Druck oder bildliche Darstellung begangen werden, sind nach den allgemeinen Strafgesetzen zu bestrafen.

Artikel 29.

Alle Preußen sind berechtigt, sich ohne vorangängige obrigkeitliche Erlaubnis friedlich und ohne Waffen in geschlossenen Räumen zu versammeln.

Diese Bestimmung bezieht sich nicht auf Versammlungen unter freiem Himmel, welche auch in bezug auf vorgängige obrigkeitliche Erlaubnis der Verfügung des Gesetzes unterworfen sind.

Artikel 30.

Alle Preußen haben das Recht, sich zu solchen Zwecken, welche den Strafgesetzen nicht zuwiderlaufen, in Gesellschaften zu vereinigen.

Das Gesetz regelt, insbesondere zur Aufrechterhaltung der öffentlichen Sicherheit, die Ausübung des in diesem und in dem vorstehenden Artikel (29) gewährleisteten Rechts.

Politische Vereine können Beschränkungen und vorübergehenden Verboten im Wege der Gesetzgebung unterworfen werden.

Artikel 36.

Die bewaffnete Macht kann zur Unterdrückung innerer Unruhen und zur Ausführung der Gesetze nur in den vom Gesetze bestimmten Fällen und Formen und auf Requisition der Zivilbehörde verwendet werden. In letzterer Beziehung hat das Gesetz die Ausnahmen zu bestimmen.

Anlage IV.

Bayerisches Gesetz über den Kriegszustand.

Vom 5. November 1912. (Ges. u. Verordn.Bl. S. 1161.)

Art. 1.

Nach Ausbruch eines Krieges oder bei unmittelbar drohender Kriegsgefahr kann durch Königliche Verordnung der Kriegszustand verhängt werden.

Art. 2.

Die Verhängung des Kriegszustandes ist in den davon betroffenen Orten oder Bezirken öffentlich zu verkünden.

Die Verkündung soll durch öffentlichen Anschlag und durch Bekanntmachung in den öffentlichen Blättern sowie durch öffentlichen Ausruf erfolgen, dem, soweit möglich, ein durch Trommelschlag oder Trompetenschall gegebenes Signal vorangehen soll.

Art. 3.

Die in den §§ 81, 88, 90, 307, 311, 312, 315, 322, 323, 324 des Strafgesetzbuchs für das Deutsche Reich mit lebenslänglichem Zuchthaus bedrohten Verbrechen werden mit dem Tode bestraft, wenn sie in einem in Kriegszustand erklärten Orte oder Bezirke begangen werden.

Art. 4.

Wer in einem in Kriegszustand erklärten Orte oder Bezirke

1. in Beziehung auf Zahl, Marschrichtung oder angebliche Siege der Feinde wissentlich falsche Gerüchte ausstreut oder verbreitet, die geeignet sind, die Zivil- oder Militärbehörden hinsichtlich ihrer Maßregeln irre zu führen,
2. eine bei der Verhängung des Kriegszustandes oder während desselben von dem zuständigen obersten Militärbefehlshaber zur Erhaltung der öffentlichen Sicherheit erlassene Vorschrift übertritt oder zur Übertretung auffordert oder anreizt,
3. zum Hochverrat, Landesverrat oder zur Brandstiftung oder zu einem sonstigen in Art. 3 bezeichneten Verbrechen oder zum Widerstande gegen die Staatsgewalt oder zu einem in den §§ 1 und 3 des Gesetzes vom 3. Juli 1893 gegen den Verrat militärischer Geheimnisse vorgesehenen Verbrechen auffordert oder anreizt,
4. eine Person des Soldatenstandes zu einer strafbaren Handlung gegen die Pflichten der militärischen Unterordnung, zur Verletzung einer Dienstpflicht bei Ausführung einer besonderen Dienstverrichtung oder zu einer sonstigen Handlung gegen die militärische Ordnung auffordert oder anreizt,

wird, wenn nicht die Gesetze eine schwerere Strafe androhen, mit Gefängnis bis zu einem Jahre bestraft.

Art. 5.

Bei der Verhängung des Kriegszustandes oder während desselben kann durch Königliche Verordnung das Standrecht angeordnet werden.

Auf die Kundmachung der Verordnung findet Art. 2 Anwendung.

Art. 6.

Das für den Kriegszustand angeordnete Standrecht (standrechtliches Gericht) ist zuständig:

1. für das Verbrechen des Hochverrats und des Landesverrats,
2. für das Verbrechen und das Vergehen des Widerstands gegen die Staatsgewalt,
3. für das Verbrechen und Vergehen wider die öffentliche Ordnung in den Fällen der §§ 124, 125, 127, 130, 141 des Strafgesetzbuchs für das Deutsche Reich,
4. für das Verbrechen des Mords, des Raubes und der Erpressung,
5. für die gemeingefährlichen Verbrechen und Vergehen in den Fällen der §§ 306—308, 311—313, 315, 317, 318 a, 312—324, 329 des Strafgesetzbuchs für das Deutsche Reich,
6. für die in den §§ 1—5 des Gesetzes vom 3. Juli 1893 gegen den Verrat militärischer Geheimnisse vorgesehenen Verbrechen und Vergehen,
7. für die nach Art. 6 des Ausführungsgesetzes vom 18. August 1879 zur Reichs-Strafprozeßordnung strafbaren Handlungen,
8. für die nach Art. 4 dieses Gesetzes strafbaren Handlungen,

wenn die Tat nach der Verkündigung der Verhängung des Kriegszustands begangen oder fortgesetzt worden ist.

Art. 7.

Auf das für den Kriegszustand angeordnete Standrecht finden die Vorschriften des Art. 442 Nr. 1, 2 und der Art. 445, 446, 449—455 des Strafgesetzbuchs von 1813 mit folgender Maßgabe entsprechende Anwendung:

1. Im Falle des Art. 453 Abs. 1 entscheidet das Gericht auch über die von dem Angeschuldigten verwirkte Strafe; die Vorschriften des § 198 des Gerichtsverfassungsgesetzes finden entsprechende Anwendung.

2. Die Verhandlung ist mündlich und öffentlich. Die Öffentlichkeit kann vom Gericht durch einen öffentlich zu verkündenden Beschluß ausgeschlossen werden, wenn sie eine Gefährdung der öffentlichen Ordnung besorgen läßt. Die Verkündung des Urteils erfolgt in jedem Fall öffentlich.

3. Der Angeschuldigte kann sich in der Verhandlung des Beistandes eines Verteidigers bedienen.

   Die Verteidigung ist notwendig:

   a) wenn der Angeklagte taub oder stumm ist oder das sechzehnte Lebensjahr noch nicht vollendet hat,

   b) wenn eine mit dem Tode, mit Zuchthaus oder mit Festungshaft oder Gefängnis von mehr als einem Jahre bedrohte Tat den Gegenstand der Verhandlung bildet.

   In den Fällen des Abs. 2 wird dem Angeschuldigten, der einen Verteidiger nicht gewählt hat, ein solcher von dem Vorsitzenden, womöglich aus den rechtskundigen Personen des Ortes, bestellt.

   Dem verhafteten Angeschuldigten ist mündlicher Verkehr mit dem Verteidiger gestattet.

4. Auch gegen Urteile, die nicht auf Todesstrafe lauten, findet ein Rechtsmittel nicht statt.

5. Die Todesstrafe wird vierundzwanzig Stunden nach der Verkündung des Urteils vollstreckt.

Art. 8.

Die Zahl, die Sitze und die Bezirke der für den Kriegszustand einzusetzenden standrechtlichen Gerichte bestimmt, soweit hierüber die das Standrecht anordnende Königliche Verordnung nichts vorsieht, der Präsident des Oberlandesgerichts im Benehmen mit dem obersten Militärbefehlshaber des Bezirks.

Die den Zivilpersonen zu entnehmenden Mitglieder der standrechtlichen Gerichte werden von dem Präsidenten des Oberlandesgerichts, die militärischen Mitglieder werden vom obersten Militärbefehlshaber des Bezirks ernannt.

Art. 9.

Die Aufhebung des Kriegszustandes erfolgt durch Königliche Verordnung und ist durch öffentliche Blätter bekannt zu machen. Gleiches gilt von der Aufhebung des Standrechts.

Art. 10.

Das Standrecht erlischt mit der Aufhebung des Kriegszustands, wenn es nicht schon früher aufgehoben worden ist.

Nach Beendigung des Standrechts sind die bei standrechtlichen Gerichten erwachsenen Verhandlungen an die Staatsanwaltschaften bei den ordentlichen Gerichten abzugeben.

In den noch anhängigen Strafsachen ist das ordentliche Verfahren einzuleiten. Das Gleiche hat in den Strafsachen zu geschehen, in denen ein noch nicht vollstrecktes Todesurteil erlassen worden ist. Dabei sind die allgemeinen Strafgesetze, in den Fällen des Art. 4 aber und, wenn das Standrecht vor der Aufhebung des Kriegszustandes aufgehoben wird, bis zur Aufhebung des Kriegszustandes auch in den Fällen des Art. 3 die Strafbestimmungen dieses Gesetzes anzuwenden.

Art. 11.

Die Militärstrafgerichtsbarkeit wird durch die Anordnung des Standrechts nicht berührt.

Die Art. 3 und 4 finden auch auf Militärpersonen Anwendung.

Art. 12.

Das Staatsministerium der Justiz erläßt im Einverständnisse mit den übrigen beteiligten Ministerien die erforderlichen Vollzugsvorschriften.

Vollzugsvorschriften

vom 13. März 1913 zum Bayerischen Gesetz über dem Kriegszustand (Ges. u. Verordn.Bl. S. 97).

Inhaltsübersicht: I. Öffentliche Bekanntmachung a) der Verhängung des Kriegszustandes, b) der Anordnung des Standrechts, c) der Aufhebung des Kriegszustandes und des Standrechts.

II. Zuständigkeit zu Anordnungen nach Art. 4 Nr. 2 des Gesetzes.

III. Standrecht. 1. Zahl, Sitz, Bezirk der Gerichte. 2. Besetzung der Gerichte. 3. Allgemeine Vorschriften. 4. Vorbereitung der Verhandlung (Eröffnung des Hauptverfahrens durch einfachen Antrag des Staatsanwalts). 5. Verhandlung vor dem Gericht. 6. Vollstreckung (Todesstrafe durch Erschießen nach 24 Stunden). 7. Kosten. 8. Verfahren nach Beendigung des Standrechts.

Bayerisches Standrecht.

Bayer. StGB. von 1813, Teil II.

In welchen Fällen Standrecht eintreten kann.

Art. 441.

Das Standrecht kann wegen folgender Verbrechen angeordnet werden:

1. wegen Aufruhr im zweiten Grade (Teil I Art. 319) (hierüber s. unten Ges. v. 18. Aug. 1879), wenn dieser an Umfang oder Hartnäckigkeit so weit gediehen ist, daß die Ruhe nur durch außerordentliche Gewalt wieder hergestellt werden kann;
2. wenn in gewissen Gegenden Mord, Raub, Brandlegung ungewöhnlich überhand nehmen, vorzüglich aber, wenn sich ganze Banden zu solchen Verbrechen vereinigt haben und die ordentlichen Mittel zur Wiederherstellung öffentlicher Sicherheit fruchtlos geblieben sind.

Rechtliche Wirkungen des Standrechts.

Art. 442.

Die rechtlichen Wirkungen des Standrechts sind folgende:

1. die ordentliche Kriminalgerichtsbarkeit tritt in Ansehung derjenigen Verbrechen und innerhalb derjenigen Distrikte, für welche das Standrecht namentlich angeordnet ist, außer Wirksamkeit;
2. über diejenigen, welche sich nach gehörig verkündetem Standrechte eines solchen Verbrechens schuldig gemacht haben, wird innerhalb vierundzwanzig Stunden, nachdem sie zum Verhör vor das Standgericht gestellt worden sind, gerichtet, und zwar ohne Vorbehalt der Berufung oder eines Gnadengesuchs;
3. alle diejenigen, welche überwiesen oder geständig sind sich nach verkündetem Standrechte eines zur standrechtlichen Behandlung geeigneten Verbrechens als Miturheber oder Gehilfen schuldig gemacht zu haben, werden mit dem Tode bestraft, ohne Unterschied, ob der von ihnen verschuldete Grad des Verbrechens schon in dem Strafgesetzbuche mit der Todesstrafe bedroht ist oder nicht, und ohne Rücksicht auf mildernde Umstände, welche dem Verbrecher allenfalls vor dem ordentlichen Richter zu statten kommen dürften.

Von wem das Standrecht erklärt werden darf.

Art. 443.

Im Falle eines Aufruhrs hat das Generalkommissariat im Einverständnisse mit dem Appellationsgerichte des Kreises, oder auch, wenn höchste Gefahr auf dem Verzuge haftet, für sich selbst allein zu erklären, daß die Notwendigkeit des Standrechts vorhanden sei.

Art. 444.

Wegen Mordes, Raubes oder Brandlegung kann das Standrecht nur auf Antrag des Generalkreiskommissariats, nach eingeholtem Gutachten des betreffenden Appellationsgerichts und nach Vernehmung des königlichen geheimen Rats, angeordnet werden.

Von Besetzung des Standrechts.

Art. 445.

Das Standrecht muß mit fünf Richtern, zwei Gerichtsbeisitzern und einem beeideten Aktuar besetzt sein.

Zu Richtern werden drei in dem Kriminalrichteramte bewährte Männer aus einem königlichen Stadt- oder Appellationsgerichte und zwei Militärpersonen, wenigstens von dem Rang eines Hauptmanns, erwählt.

Der älteste unter den drei Zivilrichtern hat den Vorsitz, leitet die Untersuchung, hört den Inquisiten und die Zeugen ab, hält sodann die Umfrage und hat übrigens mit den anderen Richtern gleiches Stimmrecht.

Art. 446.

Dem Standrechte wird ein Kriminalfiskal oder anderer Beamter als öffentlicher Ankläger beigegeben, welcher die Beweise gegen die Schuldigen sammelt und dem Gerichte vorlegt.

Art. 447.

Die Ernennung der zur Besetzung des Standrechts nötigen Personen gebührt allein dem Generalkommissär des Kreises, nach vorgängigem Benehmen mit dem betreffenden Appellationsgerichte.

Er bestimmt ihnen den Ort und die Stunde des Zusammentritts, und jeder, welcher zur Besetzung des Standrechts berufen wird, ist unter strenger Verantwortung schuldig, sich mit Beiseitsetzung aller anderen Geschäfte zur bestimmten Zeit und an dem bestimmten Orte einzufinden.

Über die Benennung der zwei Richter aus dem Militärstande und über die Abordnung der zur Bedeckung des Standrechts auf alle Fälle nötigen Mannschaft hat sich der Generalkreiskommissär mit dem nächsten Militär-Kommando zu benehmen.

Auch hat derselbe dem Landrichter des Ortes, wo das Standrecht gehalten werden soll, aufzutragen, schleunigst Anstalten zu treffen, daß die nötigen Amtsgerätschaften und Vorbereitungen an einem zur Gerichtshaltung schicklichen Orte bereit seien.

Von feierlicher Verkündung des Standrechts.

Art. 448.

Sobald die nötigen Ernennungen und Vorbereitungen geschehen sind, wird an dem Orte und in den Distrikten, für welche das Standrecht bestellt worden, unter Trommelschlag oder Trompetenschall die eingetretene Wirksamkeit des Standrechts verkündet.

Diese Verkündung soll enthalten:

die Benennung des Verbrechens, für welches das Standrecht angeordnet worden;

den Befehl, von diesem Verbrechen oder dessen Fortsetzung abzustehen; endlich

die Drohung, daß jeder, welcher nach verkündetem Standrecht solches Verbrechen begehe, oder dabei beharre, standrechtlich gerichtet und unnachsichtlich mit dem Tode bestraft werden soll.

Von dem standrechtlichen Verfahren.

Art. 449.

Das standrechtliche Verfahren unterscheidet sich von dem ordentlichen in folgenden wesentlichen Punkten:

1. die ganze Verhandlung über eine dem Standrecht übergebene Person geschieht von Anfang bis zu Ende ohne Unterbrechung vor versammeltem Gerichte;
2. es beschränkt sich gegen den Angeschuldigten bloß auf dasjenige Verbrechen, für welches Standrecht angeordnet ist, und ist überhaupt summarisch, daher
3. so wenig eine Verteidigung zur Abwendung der Spezial-Inquisition, als eine Hauptverteidigung zur Abwendung oder Milderung der Strafe durch einen rechtsverständigen Verteidiger gestatten wird. Es erstreckt sich dasselbe
4. nur auf diejenigen wesentlichen Umstände der angeschuldeten Tat, aus welchen sich ergibt, daß sie überhaupt diejenige strafbare Handlung sei, welche zur Kompetenz des Standrechts gehört, und daß dieselbe nach gehöriger Verkündigung desselben begangen worden;
5. die Untersuchung und Beweisführung ist an die Förmlichkeiten des ordentlichen Prozesses nicht gebunden, und es wird zum Strafurteile nur so viel erfordert, als nötig ist, die Richter in ihrem Gewissen zu überzeugen, daß die Tat geschehen, und daß sie von dem vor Gericht Gestellten begangen worden sei;
6. sind glaubwürdige Zeugen vorhanden, welche eidlich wider den vor Gericht Gestellten über die Tat selbst aus eigener Erfahrung Zeugnis geben, so sind ihm diese Zeugen bei dem Verhör mit dem Befragen entgegen zu stellen, was

er gegen ihre Person einzuwenden, und allenfalls zu seiner Verteidigung vorzubringen habe.

Art. 450.

Das Standrecht ist berechtigt, die nötigen Zeugen, wer diese immer sein mögen, augenblicklich durch mündliche Befehle vorrufen und im Falle der Weigerung mit Gewalt vor sich bringen zu lassen; auch so lange anzuhalten, als für nötig erachtet wird.

Von dem standrechtlichen Urteil.

Art. 451.

Nach geendigter Untersuchung wird über folgende Fragen besonders abgestimmt:

1. ob das dem Beklagten angeschuldete Verbrechen ein solches sei, worüber infolge der ergangenen Verkündung (Art. 448) standrechtlich gerichtet werden darf?

und wenn diese Frage durch Stimmenmehrheit bejahend entschieden worden:

2. ob Inquisit des Verbrechens schuldig sei?

Art. 452.

Bei der Abstimmung über die im vorhergehenden Art. 451 bestimmte zweite Urteilsfrage hat ein jeder Beisitzer seine Stimme auf folgende Weise abzugeben, nämlich:

1. wenn er den Inquisiten der Tat für überwiesen erachtet, so äußert er diese Überzeugung durch den Ausspruch: „Schuldig!"
2. wenn er überzeugt ist, daß sich Inquisit von aller Schuld gereinigt habe, durch den Ausdruck: „Unschuldig!"
3. wenn er sich überzeugt hält, daß Inquisit weder überwiesen, noch von aller Schuld gereinigt sei, durch das Wort: „Zweifelhaft."

Art. 453.

Hat mindestens eine Mehrheit von vier Stimmen gegen eine die Schuld des Inquisiten ausgesprochen, so wird nun in derselben Sitzung das Todesurteil von dem Vorstande des Gerichts den Gesetzen gemäß ausgesprochen.

Hat hingegen mindestens eine Mehrheit von vier Stimmen gegen eine sich für die Unschuld des Angeschuldigten erklärt, so wird derselbe förmlich losgesprochen und sogleich in Freiheit entlassen.

Außer den beiden vorgedachten Fällen aber wird der Angeschuldete dem ordentlichen Gerichte zur förmlichen Untersuchung übergeben.

Von Verkündung und Vollstreckung des Urteils.

Art. 454.

Das von dem Standrecht gesprochene Todesurteil wird dem Inquisiten sogleich verkündet und hierauf längstens nach Verlauf von zwei Stunden mit der Kugel vollzogen, ohne daß gegen ein solches Erkenntnis irgend einem Rechtsmittel oder Begnadigungsgesuche stattgegeben würde.

Von dem Protokolle über standrechtliche Verhandlungen.

Art. 455.

Über die standrechtlichen Verhandlungen soll ein ordentliches Protokoll geführt werden, in welches jedoch nur das Wesentliche, besonders was die Beschaffenheit der Tat und die Beweise wider den Angeschuldigten betrifft, samt den bei der Beratung aufgenommenen Stimmen, dem Urteil und dessen Vollstreckung, einzutragen ist.

Dieses Protokoll ist von allen, welche dem Standrechte beiwohnen, zu unterzeichnen und binnen drei Tagen nach geendigtem Standrechte an das betreffende Appellationsgericht, von diesem aber an das Justizministerium einzusenden. Zugleich hat der Kriminal-Fiskal, oder wer dessen Stelle vertreten hat, über die Verhandlung des Standrechts einen umständlichen Bericht an das betreffende Generalkommissariat zu erstatten, welchen dasselbe an das ihm vorgesetzte Ministerium einsendet.

Von der Aufhebung und Suspension des Standrechts.

Art. 456.

Das Standrecht besteht so lange, als nicht dasselbe durch die Behörden, von welchen es angeordnet worden (Art. 443 und 444) für aufgehoben erklärt wird.

Wenn jedoch die Hauptschuldigen ergriffen und standrechtlich gerichtet worden sind, und mit Grund zu erwarten ist, daß diese abschreckenden Beispiele ihren Zweck erreicht haben, so kann das standrechtliche Gericht einstweilen bis zu eingeholter höherer Entschließung sein Verfahren einstellen, wozu jedoch von Seite des Gerichts, nebst der Zustimmung des Kriminalfiskals, eine Mehrheit von vier Stimmen gegen Eine erforderlich ist.

Gesetz v. 18. Aug. 1879 zur Ausführung der RStPO. im Königreich Bayern

(GVBl. S. 781).

Art. 2.

Außer Kraft treten, vorbehaltlich der Bestimmung in Art. 77, insbesondere:

1) alle noch geltenden Bestimmungen des II. Teiles des Strafgesetzbuches von 1813 mit Ausnahme der Art. 441 bis 456 — —.

Art. 3.

Von den bisher geltenden landesgesetzlichen Normen über Strafrecht und Strafverfahren bleiben mit den im gegenwärtigen Gesetze enthaltenen Abänderungen und Zusätzen in Kraft:

12) die Bestimmungen der Militär-Straf- und Strafprozeßgesetze, vorbehaltlich der Art. 77—83 und Art. 111 des gegenwärtigen Gesetzes, ferner die Bestimmungen über das Standrecht, mit der Maßgabe, daß dasjenige, was im II. Teile des Strafgesetzbuches von 1813 Art. 441 Ziffer 1 und Art. 443 von dem Aufruhre zweiten Grades gesagt ist, auf alle Fälle Anwendung findet, in welchen sich eine Menschenmenge zu hochverräterischen Unternehmungen (§§ 80—82 des Strafgesetzbuches für das Deutsche Reich), sowie zu Verbrechen in Beziehung auf die Ausübung staatsbürgerlicher Rechte (§ 105) zusammenrottet oder der Tatbestand der Verbrechen des Aufruhrs (§ 115), des Auflaufs (§ 116), des Landfriedensbuches (§ 125) begründet ist, soferne die verbrecherische Unternehmung an Umfang oder Hartnäckigkeit soweit gediehen ist, daß die Ruhe nur durch außerordentliche Gewalt wieder hergestellt werden kann.

Dritte Abteilung.

Waffengebrauch im Kriege.

1. Die kriegerische Aufgabe besteht in der Niederwerfung des Gegners mit Waffengewalt. Der Waffengebrauch bedarf also hier keiner näheren Rechtfertigung und Begründung, vielmehr kehrt sich die Frage um: Wann ist ausnahmsweise der Waffengebrauch nicht gerechtfertigt?

Die völkerrechtlichen Regeln über die Einschränkungen des Waffengebrauchs im Kriege sind zusammengestellt im Abkommen, betr. die Gesetze und Gebräuche des Landkriegs, wie es auf der ersten und zweiten Haager Friedenskonferenz 1899 und 1907 getroffen wurde. Das Abkommen gilt zwischen den Mächten, die es, teilweise mit Vorbehalten, unterzeichnet haben (Art. 2 des Abkommens). Die Veröffentlichung ist im RGesBl. 1910, S. 107, erfolgt.

Art. 1 des Abkommens bestimmt:

„Die Vertragsmächte werden ihren Landesherren Verhaltungsmaßregeln geben, welche der dem vorliegenden Abkommen beigefügten Ordnung der Gesetze und Gebräuche des Landkriegs entsprechen."

Es ist anzunehmen, daß diese Verhaltungsmaßregel in der Veröffentlichung liegt, daß also die Befehlshaber, bis auf weitere Anordnung, infolge dieser Veröffentlichung verpflichtet sind, sich an die Regeln zu halten.

Nach Art. 3 des Abkommens ist jede Kriegspartei wegen Verletzung der Regeln zum Schadensersatz verpflichtet, unter Haftung für alle Angehörigen ihrer bewaffneten Macht.

2. Die Landkriegsordnung bestimmt in Art. 1—3 den Begriff des Kriegführenden, behandelt dann

Art. 4—20 die Kriegsgefangenen, Art. 21 Kranke und Verwundete, Art. 22—28 die Mittel zur Schädigung des Feindes, Art. 29—31 die Spione, Art. 32—34 die Parlamentäre, Art. 35—41 Kapitulationen und Waffenstillstand, Art. 42—56 (Art. 44 ist nicht ratifiziert!) die militärische Gewalt auf besetztem feindlichen Gebiete, also Verfügungen über öffentliches und privates Eigentum des Feindes.

Näheres bei Wehberg, Haager Friedenskonferenz, Guttentag Nr. 99, 1910; Dietz, Handwörterbuch des Militärrechts, Stichwörter: Asylrecht von Dietz; Belagerung von Giese; Briefpostsendungen von De Claparède; Dum-Dum-Geschosse von Wenzel; Konterbande von De Claparède; Kriegsgefangene von Giese; Kriegsgesetze von Grützmacher; Kriegsmittel, Kriegsraison, Kriegsrecht von Zorn; Schadenersatz im Landkriege von Hoser; ferner Kriegsleistungsges. v. 13. Juni 1873; KLB. v. 28. Aug. 1909; Schneider, Die Verpflegung des Feldheeres, Berlin 1912; Dietz, Taschenbuch des Militärrechts für Kriegszeiten, 1913. Junk, Landkriegsordnung, Arch.Mil. R. 1 330.

3. Die Einschränkungen des Waffengebrauchs sind folgende:

Landkriegsordnung.

22. Die Kriegführenden haben kein unbeschränktes Recht in der Wahl der Mittel zur Schädigung des Feindes.

23. Abgesehen von den durch Sonderverträge aufgestellten Verboten, ist namentlich untersagt:

a) die Verwendung von Gift oder vergifteten Waffen;
b) die meuchlerische Tötung oder Verwundung von Angehörigen des feindlichen Volkes oder Heeres,
c) die Tötung oder Verwundung eines die Waffen streckenden oder wehrlosen Feindes, der sich auf Gnade oder Ungnade ergeben hat,
d) die Erklärung, daß kein Pardon gegeben wird,
e) der Gebrauch von Waffen, Geschossen oder Stoffen, die geeignet sind, unnötig Leiden zur verursachen,

f) der Mißbrauch der Parlamentärflagge, der Nationalflagge oder der militärischen Abzeichen oder der Uniform des Feindes sowie der besonderen Abzeichen des Genfer Abkommens,

g) die Zerstörung oder Wegnahme feindlichen Eigentums in den Fällen, wo diese Zerstörung oder Wegnahme durch die Erfordernisse des Krieges dringend erheischt wird,

h) die Aufhebung oder zeitweilige Außerkraftsetzung der Rechte und Forderungen von Angehörigen der Gegenpartei oder die Ausschließung ihrer Klagbarkeit.

Den Kriegführenden ist ebenfalls untersagt, Angehörige der Gegenpartei zur Teilnahme an den Kriegsunternehmungen gegen ihr Land zu zwingen; dies gilt auch für den Fall, daß sie vor Ausbruch des Krieges angeworben waren.

24. Kriegslisten und die Anwendung der notwendigen Mittel, um sich Nachrichten über den Gegner und das Gelände zu verschaffen, sind erlaubt.

25. Es ist untersagt, unverteidigte Städte, Dörfer, Wohnstätten oder Gebäude, mit welchen Mitteln es auch sei, anzugreifen oder zu beschießen.

26. Der Befehlshaber einer angreifenden Truppe soll vor Beginn der Beschießung, den Fall eines Sturmangriffs ausgenommen, alles, was an ihm liegt, tun, um die Behörden davon zu benachrichtigen.

27. Bei Belagerungen und Beschießungen sollen alle erforderlichen Vorkehrungen getroffen werden, um die dem Gottesdienste, der Kunst, der Wissenschaft und der Wohltätigkeit gewidmeten Gebäude, die geschichtlichen Denkmäler, die Hospitäler und Sammelplätze für Kranke und Verwundete so viel wie möglich zu schonen, vorausgesetzt, daß sie nicht gleichzeitig zu einem militärischen Zwecke Verwendung finden.

Pflicht der Belagerten ist es, diese Gebäude oder Sammelplätze mit deutlichen, besonderen Zeichen zu versehen und diese dem Belagerer vorher bekanntzugeben.

28. Es ist untersagt, Städte oder Ansiedlungen, selbst wenn sie im Sturme genommen sind der Plünderung preiszugeben.

30. Der auf der Tat ertappte Spion kann nicht ohne vorausgegangenes Urteil bestraft werden.

32. Als Parlamentär gilt, wer von einem der Kriegführenden bevollmächtigt ist, mit dem anderen in Unterhandlungen zu treten, und sich mit der weißen Fahne zeigt. Er hat Anspruch auf Unverletzlichkeit, ebenso der ihn begleitende Trompeter, Hornist oder Trommler, Fahnenträger und Dolmetscher.

33. Der Befehlshaber, zu dem ein Parlamentär gesandt wird, ist nicht verpflichtet, ihn unter allen Umständen zu empfangen.

Er kann alle erforderlichen Maßregeln ergreifen, um den Parlamentär zu verhindern, seine Sendung zum Einziehen von Nachrichten zu benutzen.

Er ist berechtigt, bei vorkommendem Mißbrauche den Parlamentär zeitweilig zurückzuhalten.

34. Der Parlamentär verliert seinen Anspruch auf Unverletzlichkeit, wenn der bestimmte, unwiderlegbare Beweis vorliegt, daß er seine bevorrechtigte Stellung dazu benutzt hat, um Verrat zu üben oder dazu anzustiften.

4. Auf den Kriegsgebrauch, d. h. Erschießen ohne weitere Förmlichkeiten, ist noch in § 91 RStGB. bei landesverräterischen Handlungen von Ausländern verwiesen. Die Vorschrift hat ihre Bedeutung im wesentlichen verloren infolge des § 160 MStGB., welcher zu §§ 57—59 (Kriegsverrat) und § 134 (Beraubung Toter und Verwundeter) bestimmt, daß Ausländer oder Deutsche, welche während eines gegen das Deutsche Reich ausgebrochenen Krieges auf dem Kriegsschauplatze sich einer der genannten Handlungen schuldig machen, nach dem MStGB. bestraft werden sollen. Vgl. § 3, Abs. 1, EG. z. MStGB. Dazu bestimmt § 3 EG. z. MStGB.:

„Hinsichtlich der Ausübung der Strafgerichtsbarkeit über Kriegsgefangene und Ausländer in Kriegszeiten und bei kriegerischen Unternehmungen können die Bestimmungen über Bildung der Militärgerichte und das Verfahren durch Kaiserliche Verordnung abgeändert werden."

Die Kaiserl. V. v. 28. Dez. 1899 bestimmt dazu im § 18:

„Durch vorstehende Bestimmungen wird die Befugnis der kommandierenden Offiziere nicht ausgeschlossen, Ausländer, die im Kriege verräterischer Handlungen gegen die Deutschen oder verbündeten Truppen sich schuldig machen, wenn sie auf frischer Tat betroffen werden, ohne vorgängiges gerichtliches Verfahren nach dem bisherigen Kriegsgebrauch zu behandeln."

Über die Tragweite dieser Bestimmung vgl. Grützmacher, Militärstrafrechtspflege im Kriege, in Dietz, Handwörterbuch, und Metwes, ArchMilR. 4 216, Enders, Die völkerrechtlichen Grundsätze der Kriegführung zu Lande und zur See, 1909.

Sachregister.

(Die Zahlen bedeuten die Seiten.)

A.

B.

D.

E.

F.

R.

S.

T.

U.

V.

Druck von Otto Walter in Berlin S. 14.

Guttentagsche Sammlung

Deutscher Reichsgesetze.

Text-Ausgaben mit Anmerkungen. Taschenformat.

---

1. **Verfassung des Deutschen Reichs.** Von Dr. **L. von Rönne.** **10. Aufl.** von Landrat **P. von Rönne** und Regierungsassessor **von Dobbeler.** 1912. 2 M. 60 Pf.

2. **Strafgesetzbuch** für das Deutsche Reich nebst 20 d. wichtigsten strafrechtlichen Nebengesetze. **Von** Prof. Dr. **Franz v. Liszt** und Dr. **Ernst Delaquis. 24. Aufl.** 1914. 3 M.

3. **Militärstrafgerichtsordnung** nebst Einführungsgesetz. Von Wirkl. Geheimen Kriegsrat Dr. jur. **A. Romen** und Kriegsgerichtsrat Dr. jur. **Carl Rissom.** 1910. 6 M.

4. **Handelsgesetzbuch vom 10. Mai 1897** unter Ausschluß des Seerechts. **14. Aufl.** Herausgegeben von Geh. Justizrat Prof. Dr. **A. Mosse.** 8°. 1911. 5 M.

5. **Wechselordnung vom 3. Juni 1908.** **Kommentar** von Justizrat Dr. **J. Stranz** und Rechtsanwalt Dr. **M. Stranz,** und das **Wechselstempelgesetz vom 15. Juli 1909** von Geh. Regierungsrat **P. Loeck. 11. Aufl.** 1913. 4 M.

5 a. **Wechselstempelgesetz** apart. **11. Aufl.** 1913. 1 M. 50 Pf.

6. **Reichsgewerbeordnung** nebst Ausführungsbestimmungen. Von **Berger** und **Wilhelmi. 18. Auflage** von Stadtrat Dr. **Karl Flesch** in Verbindung mit Dr. **Friedr. Hiller** und Dr. **Herm. Luppe.** Mit Nachtrag, enthaltend die Änderungen bis 31. 3. 1912. 4 M.

7. **Post- und Telegraphen-Gesetzgebung.** Nebst Weltpostvertrag und internationalem Telegraphenvertrag. **6. Aufl.** von Geh. Ober-Postrat Dr. **M. König.** 1908. 4 M.

8. **Die Reichsgesetze über den Unterstützungswohnsitz, die Freizügigkeit, den Erwerb und Verlust der Bundes- und Staatsangehörigkeit.** Von Geheimrat Dr. **J. Krech**, Mitglied des Bundesamtes für das Heimatwesen. 8. **Aufl.** 1913. 3 M. 60 Pf.

9. Sammlung **kleinerer strafrechtlicher Reichsgesetze.** Von Dr. **R. H. Kriegsmann**, Privatdozent in **Kiel. 3. Aufl.** 1910. **4** M.

10. Das **Reichsbeamtengesetz** von **J. Pieper. 2. Aufl.** 1901. **4** M. 50 Pf.

Reichsbeamtengesetz von 1907 siehe Nr. 82.

11. **Zivilprozeßordnung mit Gerichtsverfassungsgesetz.** Von **R. Sydow.** Fortgeführt von **L. Busch**, Reichsgerichtsrat, jetzt zugleich mit **A. Busch**, Gerichtsassessor. **14. Aufl.** 8°. 1913. 8 M.

12. **Strafprozeßordnung und Gerichtsverfassungsgesetz** nebst den Gesetzen, betr. die Entschädigung der im Wiederaufnahmeverfahren freigesprochenen Personen und die Entschädigung für unschuldig erlittene Untersuchungshaft. Von Dr. **A. Hellweg**, Reichsgerichtsrat. **16. Aufl.** von Professor Dr. **Kohlrausch.** 1912. 3 M.

13. **Konkursordnung und Anfechtungsgesetz.** Von **R. Sydow.** Fortgeführt von **L. Busch. 11. Aufl.** 1911. 2 M. 80 Pf.

14. **Gerichtsverfassungsgesetz** mit Einführungsgesetz. Herausgegeben von **R. Sydow.** Fortgeführt von **L. Busch. 9. Aufl.** 1905. Mit Nachtrag, enthaltend die Novelle vom 1. Juni 1909. 1 M. 50 Pf.

15. Das **Deutsche Gerichtskostengesetz** nebst den Gebührenordnungen für Gerichtsvollzieher, Zeugen und Sachverständige. Von **R. Sydow.** Weiter bearbeitet von Reichsgerichtsrat **L. Busch** und Gerichtsassessor **Arno Busch. 9. Aufl.** 1912. 2 M. 60 Pf.

16. **Rechtsanwaltsordnung.** Von **R. Sydow. 5. Aufl.** von Justizrat **M. Jacobsohn.** 1907. Mit Nachtrag, enthaltend die Bestimmungen vom 22. Mai 1910. 1 M. 20 Pf.

17. Die **Deutsche Gebührenordnung für Rechtsanwälte und das Preußische Gebührengesetz** vom 27. September/6. Oktober 1899. Von **R. Sydow.** Fortgeführt von **L. Busch** und Amtsrichter **A. Busch. 11. Aufl.** 1914. Im Druck.

18. **Reichsstempelgesetz** vom 3. Juli 1913. (Börsen-, Lotterie- [Spiel und Wette], Frachturkunden-, Fahrkarten-, Kraftfahrzeug-, Tantieme-, Scheck- und Grundstücksübertragungssteuer.) Mit den gesamten Ausführungsbestimmungen. **12. Aufl.** von Geh. Regierungsrat **P. Loeck.** 1914. 8°. Im Druck.

19. Die **Seegesetzgebung.** Von Dr. **W. E. Knitschky. 5. Aufl.** bearbeitet von Oberlandesgerichtsrat **Otto Rudorff** in Hamburg. 1913. 8 M.

20. **Krankenversicherungsgesetz.** Von weil. Dr. **E. von Woedtke.** Siehe Bd. 107.

21. Die **Konsulargesetzgebung.** Von Professor Dr. **Ph. Zorn. 3. Aufl.** bearbeitet von Reg.-Assessor Dr. **A. Zorn.** 1911. 4 M. 50 Pf.

22. **Patentgesetz.** Nebst Ausführungsbestimmungen, völkerrechtlichen Verträgen und der Patentanwalts-Ordnung. 7. Aufl. bearbeitet von **R. Lutter**, Geh. Reg.-Rat im Kaiserl. Patentamt. 1908. 2 M. 80 Pf.

23. **Gewerbe-Unfallversicherungsgesetz.** Von weil. Dr. **E. von Woedtke.** Siehe Bd. 108.

24. **Aktiengesellschaft und Kommanditgesellschaften auf Aktien.** Von Kammergerichtsrat Dr. **H. Keyßner** und Justizrat Dr. **H. Veit Simon. 6. Aufl.** von Amtsrichter **L. Keyßner.** 1911. 3 M.

25. **Brausteuergesetz.** vom 15. Juli 1909. Von **A. Düffe,** Oberzollrevisor. **2. Aufl.** 1910. 3 M.

26. Die Reichsgesetzgebung über **Münz- und Notenbankwesen.** Papiergeld, Prämienpapiere und Reichsschulden. Von Dr. jur **R. Koch,** Präsident des Reichsbankdirektoriums, **6. Aufl.** 1910. 4 M.

27. Die Gesetzgebung, betr. das **Gesundheitswesen** im Deutschen Reich. Von Dr. jur. **C. Goesch** und Dr. med. **J. Karsten.** 1888. 1 M. 60 Pf.

28. **Bau-Unfallversicherungsgesetz.** Vom 30. Juni 1900. Von **R. Chrzescinski.** Siehe Bd. 108.

29. **Erwerbs- und Wirtschaftsgenossenschaften.** Von **L. Parisius** und Dr. **H. Crüger. 14. neu bearb. Aufl.** von Dr. **H. Crüger.** 1912. 1 M. 80 Pf.

30. **Invalidenversicherungsgesetz** vom 13. Juli 1899. Von weil. Dr. **E. von Woedtke.** Siehe Bd. 109.

31. **Gewerbegerichtsgesetz.** Von Stadtrat **L. Mugdan. 7. Aufl.** bearbeitet von **W. Cuno**, Oberbürgermeister zu Hagen i. W. 1911. 2 M. 50 Pf.

32. Reichsgesetz, betr. die **Gesellschaften mit beschränkter Haftung.** Von **L. Parisius** und Dr. **H. Crüger. 13. Aufl.** von Dr. **H. Crüger.** 1914. 2 M.

33. **Vereins- und Versammlungsrecht.** Von Dr. **E. Ball. 2. Aufl.** von Dr. **F. Friedenthal.** 1907. 2 M. 50 Pf.

Reichs-Vereinsgesetz vom 19. April 1908 siehe Nr. 88.

34. Die **Abzahlungsgeschäfte.** Gesetz vom 16. Mai 1894. **3. vermehrte Aufl.** besorgt von Dr. **E. Wilke**, Landgerichtsrat. 1910. 1 M. 25 Pf.

35. Die **Reichs-Eisenbahngesetzgebung.** Von **W. Coermann**, Kaiserl. Amtsrichter. 1895. 2 M. 25 Pf. S. auch Bd. 66.

36. Gesetze, betr. die **privatrechtlichen Verhältnisse der Binnenschiffahrt und der Flößerei.** Von **E. Löwe**, Landgerichtsrat. **4. Aufl.** 1909. 3 M.

37. Gesetz gegen den **unlauteren Wettbewerb.** Von Justizrat **A. Pinner. 6. Aufl.** 1912. 1 M. 50 Pf.

38/39. **Bürgerliches Gesetzbuch nebst Einführungsgesetz** von Dr. **A. Achilles.** In Verbindung mit Professor Dr. **André.** Kammergerichtsrat **Ritgen**, Reichsgerichtsrat Dr. **Strecker**, Senatspräsident Dr. **v. Unzner** herausgegeben von Wirkl. Geh. Ober-Justizrat u. Oberlandesgerichtspräsident **Greiff. 7. Aufl.** 8°. 1912. 7 M.

40. Gesetz, betr. die **Pflichten der Kaufleute bei Aufbewahrung fremder Wertpapiere (Depotgesetz).** Mit Erläuterungen. Von **F. Lusensky,** Geh. Ober-Regierungsrat. **2. Aufl.** 1905. 1 M.

41. **Börsengesetz.** Von Wirkl. Geh. Ober-Regierungsrat **Th. Hemptenmacher.** Dritte Aufl. im Druck.

42. **Grundbuchordnung** nebst den preußischen Ausführungsbestimmungen. Mit Einleitung. Von Prof. Dr. **O. Fischer. 6. Aufl.** 1912. 2 M.

43. **Zwangsvollstreckung in das unbewegliche Vermögen** im Reiche und in Preußen. Mit Einleitung, **Kosten-** und **Gebührentabellen.** Von Dr. **J. Krech** u. Dr. **O. Fischer. 7. Aufl.** bearbeitet von Professor Dr. **O. Fischer** u. Landrichter Dr. **F. Krech.** 1914. 3 M.

44. Das Reichsgesetz **über das Auswanderungswesen** vom 9. Juni 1897. Von Professor Dr. **Felix Stoerk.** 1899. 2 M. 25 Pf.

45. Das **Entmündigungsrecht** unter Berücksichtigung der für Preußen geltenden Vorschriften nebst der preußischen Justiz-Ministerial-Verfügung vom 28. November 1899. Von Landgerichtsrat Dr. **P. Koll** in Cöln. 1900. 1 M. 50 Pf.

46. Die Gesetze des Reiches und Preußens über die **freiwillige Gerichtsbarkeit.** Von **Herm. Jastrow,** Amtsgerichtsrat. **5. Aufl.** 1911. 3 M. 60 Pf.

47. Das **deutsche Vormundschaftsrecht** und das preuß. Gesetz über die Fürsorgeerziehung Minderjähriger nebst den dazu gehörigen preußischen Nebengesetzen. Von Oberverwaltungsgerichtsrat **Max Schultzenstein** und Amtsgerichtsrat Dr. **Paul Köhne. 2. Aufl.** 1901. 3 M.

48. Gesetze und Verordnungen, betr. den **Drogen-, Gift- und Farbenhandel** außerhalb der Apotheken. Von Dr. **J. Broh**, Rechtsanwalt. 1899. 1 M. 25 Pf.

49. Deutsche **Kolonialgesetzgebung.** Von Geh. Justizrat Professor Dr. **Philipp Zorn.** 2. Aufl. von Gerichtsassessor Dr. **Sassen.** 1913. 7 M. 50 Pf.

50. Der **Viehkauf** (Viehgewährschaft) nach dem Bürgerlichen Gesetzbuche unter Berücksichtigung des ausländischem Rechts. Verordnung betr. die Hauptmängel und Gewährsfristen beim Viehhandel. Von Rechtsanwalt Dr. **H. Stölzle** und Königlichem Regierungs- und Veterinärrat **H. Weiskopf. 5. Aufl.** 1913. 6 M.

51. **Hypothekenbankgesetz** vom 13. Juli 1899. Von Dr. **H. Göppert. 2. Aufl.** Bearbeitet von Geh. Reg.-Rat Dr. **Seidel.** 1911. 2 M. 40 Pf.

52. Gesetz, betreffend die gemeinsamen **Rechte der Besitzer von Schuldverschreibungen.** Von Dr. **Heinrich Göppert.** 1900. 2 M.

53. **Reichspreßgesetz** vom 7. Mai 1874. Mit Kommentar von Erstem Bürgermeister **A. Born.** 1911. **2. Aufl. 2 M.**

54. Die Reichsgesetzgebung über den **Verkehr** mit **Nahrungsmitteln, Genußmitteln** und **Gebrauchsgegenständen.** Von Dr. **Georg Lebbin,** Nahrungsmittelchemiker in Berlin. 1900. 2 M. 25 Pf.

55. Das Recht der **Beschlagnahme von Lohn- und Gehaltsforderungen.** Von Justizrat **Georg Meyer. 5. Aufl.** 1914. 2 M. 70 Pf.

56. Gesetz, betr. die **Bekämpfung gemeingefährlicher Krankheiten.** Nebst Ausführungsbestimmungen. Von Dr. **Bruno Burkhardt,** Regierungsrat, Mitglied des Kaiserl. Gesundheitsamts. 1900. 1 M. 40 Pf.

57. **See-Unfallversicherungsgesetz.** Von Dr. **Max Mittelstein,** Oberlandesgerichtsrat in Hamburg. Siehe Bd. 108.

58. **Das Recht der unehelichen Kinder** nach dem BGB. Von **Hermann Jastrow,** Amtsgerichtsrat. 1901. 1 M. 80 Pf.

59. Reichsgesetz über die **Beurkundung des Personenstandes und die Eheschließung.** Von Dr. **F. Fidler,** Amtsgerichtsrat. 1912. **2. Aufl.** 2 M. 50 Pf.

60. Gesetz, betreffend das **Urheberrecht an Werken der Literatur und der Tonkunst.** Von Geh. Justizrat **Otto Lindemann. 3. Aufl.** 1910. 1 M. 60 Pf.

61. Gesetz über das **Verlagsrecht.** Von Justizrat **E. Heinitz. 2. Aufl.** Bearbeitet von Rechtsanwalt Dr. **Br. Marwitz.** 1911. 1 M. 80 Pf.

62. Gesetz über **private Versicherungsunternehmungen.** Von **H. Könige,** Reichsgerichtsrat. **2. Aufl.** 1910. 4 M. 20 Pf.

63. **Gesetzestafel des Deutschen Reichsrechts.** Systematisch geordnete Nachweisung des z. Z. geltenden Reichsrechts. Von **Hugo Bruhns,** Bürgermeister. 1913. 8°. **2. Aufl.** 3 M. 50 Pf.

64. Gesetzsammlung betr. den **Handel mit Drogen und Giften** Reichsgesetzliche Bestimmungen und Anhang mit den landesgesetzlichen Verordnungen sämtlicher Bundesstaaten. Von Rechtsanwalt **H. Sonnenfeld,** Syndikus der Berliner Drogisten-Innung. **2. Aufl.** 1912. 4 M.

65. Das **Weingesetz** in der Fassung von 1909. Mit Ausführungsbestimmungen von Dr. **Georg Lebbin**, Nahrungsmittelchemiker. **2. Aufl.** 1909. 2 M. 50 Pf.

66. Die **Eisenbahn-Gesetzgebung.** Von **W. Pietsch,** Rechnungsrat im Reichs-Eisenbahn-Amt. **2. Aufl.** 1913. 3 M. 60 Pf.

67. **Militär-Strafgesetzbuch für das Deutsche Reich** mit der Novelle vom 8. 8. 1913. Von Wirklichem Geheimen Kriegsrat Dr. **A. Romen** und Kriegsgerichtsrat Dr. **C. Rissom.** 1912. 6 M.

68. Das **Fleischbeschaugesetz.** Vom 3. Juni 1900. Von Dr. **Georg Lebbin,** Nahrungsmittelchemiker und Rechtsanwalt Dr. **Georg Baum.** 1903. 4 M.

69. Reichsgesetz über die **Naturalleistungen der bewaffneten Macht im Frieden** nebst den in Preußen geltenden Bestimmungen. Von Landrat Dr. **Walter v. Hippel.** 1903. 1 M. 25 Pf.

70. Das **Reichs-Haftpflichtgesetz,** vom 7. Juni 1871. Von Regierungsrat Dr. **G. Eger.** 1903. 3 M.

71. **Kinderarbeit in gewerblichen Betrieben,** vom 30. März 1903. Von **H. Spangenberg,** Oberverwaltungsgerichtsrat. **2. Aufl.** 1904. 1 M. 60 Pf.

72. **Unfallversicherungsgesetz für Land- und Forstwirtschaft** von weil. Dr. **E. von Woedtke.** Siehe Band 108.

73. **Entschädigung für unschuldig erlittene Verhaftung und Bestrafung.** Nebst Anhang, enthaltend die dazu gehörigen Nebengesetze über Schadensersatz. Von Dr. jur. **A. Romen,** Wirklichem Geheimen Kriegsrat. 1904. 2 M.

74. Die **Kaufmannsgerichte** nebst den preuß. Ausführungsbestimmungen. Von Professor Dr. **Max Apt**. **3. Aufl.** 1905. 2 M.

75. Reichsgesetz über die **Konsulargerichtsbarkeit**. Von Dr. jur. **A. F. Vorwerk**, Rechtsanwalt in Schanghai. 2. Ausgabe, mit dem Schutzgebietsgesetz und der Ausführungsverordnung, betr. die Rechtsverhältnisse in den Schutzgebieten. 1908. 2 M.

76. **Die Rechtshilfe im Verkehr mit den ordentlichen Gerichten nach deutschem Reichsrecht.** Von Landrichter Dr. **A. Friedländer.** 1906. 1 M. 80 Pf.

77. **Das Reichserbschaftssteuergesetz.** Vom 3. Juni 1906. Von **Ulrich Hoffmann**, Rechnungsrat im Königl. Preuß. Finanzministerium. **2. Aufl.** mit Nachtrag, enth. die Bestimmungen v. 3. Juli 1913. **1911. 5 M.**

78. **Zigarettensteuergesetz.** Vom 15. Juli 1909. Von Dr. **Cuno**, Regierungsassessor. **2. Aufl.** in Vorbereitung.

79. **Die Militärpensionsgesetze** vom 31. Mai 1906 nebst Ausführungsbestimmungen. Zum Gebrauch für Heer, Marine und Schutztruppe von Dr. jur. **A. Romen**, Wirklicher Geheimer Kriegsrat.
   a) I. Teil: Offizierpensionsgesetz. 1907. 3 M. 50 Pf.
   b) II. Teil: Mannschaftsversorgungsgesetz. 1908. 3 M. 50 Pf.

80. Reichsgesetzgebung über **gerichtliche Registerführung.** Von **Otto Lindemann**, Geh. Justizrat. 1906. 3 M.

81. Gesetz, betr. **Urheberrecht an Werken der bildenden Künste und der Photographie.** Von Dr. **Ludwig Fuld,** Rechtsanwalt. 1907. 1 M.

82. **Reichsbeamtengesetz** in der Fassung vom 18. Mai 1907 und seine Ergänzungen von Geheimrat Professor Dr. **Adolf Arndt.** 1908. 3 M.

83. Reichsgesetz über **den Versicherungsvertrag** nebst Einführungsgesetz. Von Dr. **Paul Hager** und Dr. **E. Bruck. 3. vermehrte und verbesserte Auflage.** 1913. 6 M.

84. **Sammlung kleinerer privatrechtlicher Reichsgesetze** von Oberlandesgerichtsrat **Georg Müller.** 1908. 6 M. 50 Pf.

85. **Scheckgesetz** mit Einleitung usw. Von Prof. Dr. **Max Apt. 5. Aufl.** Mit Postscheckordnung vom 6. Nov. 1908 und im Anhang „Besteuerung des Schecks". 1909. 2 M.

86. **Die Auslieferungsverträge des Deutschen Reiches** von Landrichter **A. Cohn.** 1908. 4 M.

87. Gesetz zum **Schutz der Warenbezeichnungen.** Von Geh. Reg.-Rat, Mitglied des Patentamts Dr. **Freund** und Rechtsanwalt **Magnus. 5. Aufl.** 1909. 3 M. 50 Pf.

88. **Vereinsgesetz** vom 19. April 1908. Von Dr. jur. **A. Romen,** Wirkl. Geh. Kriegsrat. **3. Aufl** 1912. 2 M. 50 Pf.

89. **Vogelschutzgesetz** vom 30. Mai 1908 nebst den das Flugwild betr. Bestimmungen der Preußischen Jagdordnung von Dr. jur. **Leo von Boxberger.** 1908. 1 M.

90. Die Haager Abkommen über das **Internationale Privatrecht.** Von Dr. **G. A. E. Bogeng.** 1908. 2 M. 20 Pf.

91. **Eisenbahn-Verkehrsordnung** vom 23. Dez. 1908. Mit Ausführungsbestimmungen. Von Regierungsrat Dr. **Ernst Blume.** 1909. 2 M. 50 Pf

92. Gesetz, betr. den **Verkehr mit Kraftfahrzeugen.** Von Amtsrichter **R. Kirchner. 2. Ausgabe** ergänzt durch die Bundesratsverordnung vom 3. Febr. 1910 und das Internationale Uebereinkommen vom 11. Okt. 1909. 1910. 3 M.

93. Gesetz über die **Sicherung der Bauforderungen** von Justizrat Dr. **E. Harnier. 3. Aufl.** 1912. 1 M. 60 Pf.

94. **Haftpflicht der Reichs- und Staats-Beamten** von Dr. **H. Delius. 2. Aufl.** 1909. Mit Nachtrag, enth. das Gesetz über die Haftung des Reichs für seine Beamten vom 22. Mai 1910. 3 M. 50 Pf.

95. Die Berner Uebereinkunft über **internationales Urheberrecht** von Geh. Ob.-Reg.-Rat Dr. **Herm. Dungs.** 1910. 1 M.

96. **Branntweinsteuergesetz** vom 15. Juli 1909. Unter Berücksichtigung der für das Reich erlassenen Ausführungsbestimmungen. Von Geh. Reg.-Rat **Johs. Nay,** vortrag. Rat im Reichsschatzamt. 1910. 3 M. 50 Pf.

97. **Schutzgebietsgesetz** nebst Verord. betr. die Rechtsverhältnisse in den Schutzgebieten, dem Gesetz über die Konsulargerichtsbarkeit sowie den Ausführungsbest. Von **Johs. Gerstmeyer,** Wirkl. Legationsrat und vortrag. Rat im Reichskolonialamt. 1910. 3 M.

98. **Sechs Haager Abkommen über Internationales Privatrecht.** Von Geh. Ob.-Reg.-Rat Dr. **Herm. Dungs.** 1910 1 M. 50 Pf.

99. **Die Abkommen der Haager Friedenskonferenz.** Von Dr. jur. **Hans Wehberg.** 1910. 3 M.

100. Gesetz über den **Absatz von Kalisalzen.** Von Geh. Bergrat **Carl Voelkel.** 1910. 2 M. 40 Pf.

101. **Zuwachssteuergesetz** vom 14. Februar 1911. Von Dr. **W. Cuno,** Geheimer Regierungsrat im Reichsschatzamt. 1911. 3 M. 60 Pf.

102. **Urheberrecht an Mustern und Modellen** u. Ges. betr. Schutz v. Gebrauchsmustern von Reg.-Rat **Johs. Neuberg,** Mitgl. d. K. Patentamts. 1911. 2 M. 40 Pf.

103. **Reichs-Viehseuchengesetz** vom 26. Juni 1909 nebst Ausführungsvorschriften u. dem preuß. Ausführungsgesetz. Von Landrat Dr. **Walter v. Hippel. 2. Aufl.** 1912. 4 M. 50 Pf.

104. **Versicherungsgesetz** für Angestellte vom 20. Dez. 1911. Von Rechtsanwalt **O. Bernstein** und Dr. **J. Kupferberg. 2. Aufl.** 1912. 3 M. 50 Pf.

105. **Das Geldwesen in den deutschen Schutzgebieten.** Von **W. Hintze,** Geheimer exped. Sekretär im Reichskolonialamt. 1912. 2 M.

106—109. **Reichs-Versicherungsordnung nebst Einführungsgesetz:** Herausgegeben unter Mitwirkung von Dr. **F. Caspar,** Wirkl. Geh. Rat, Direktor im Reichsamt d. Innern und **A. Spielhagen,** Geh. Ob.-Reg.-Rat, vortr. Rat im Reichsamt d. Innern. 4 Bände.

106. Erstes, fünftes und sechstes Buch. **Gemeinsame Vorschriften. — Beziehungen der Versicherungsträger zu einander und zu anderen Verpflichteten. — Verfahren.** Bearbeitet von Dr. **K. Lippmann,** Reg.-Rat im Reichsversicherungsamt, Professor, Geh. Reg.-Rat Dr. **L. Laß** und Geh. Reg.-Rat **H. Siefart,** vortrag. Räte im Reichsamt des Innern. 1913. 6 M.

107. Zweites Buch. **Krankenversicherung.** Von Geh. Reg.-Rat **H. Siefart,** vortrag. Rat im Reichsamt des Innern. Im Druck.

108. Drittes Buch. **Unfallversicherung.** Von Geh. Reg.-Rat **A. Radtke,** Senatsvorsitzender im Reichsversicherungsamt. 1913. 8 M.

109. Viertes Buch. **Invaliden- und Hinterbliebenenversicherung.** Bearbeitet von Geh. Ober-Regierungs-Rat **B. Jaup,** vortragender Rat im Reichsamt des Innern und **H. Follmann,** Geh. Reg.-Rat im Reichsversicherungsamt. 1912. 4 M.

110. **Wehrbeitragsgesetz** mit Ausführungsbestimmungen. Von Geheimem Ober-Finanzrat **A. Fernow. 2. Aufl.** 1913. 2 M.

111. **Reichs- und Staatsangehörigkeitsgesetz.** Vom 22. Juli 1913. Von Dr. **R. Romen,** Wirklichem Geheimen Kriegsrat. 1913. 2 M. 20 Pf.

112. **Kaufmannsgerichtsgesetz** und die anzuwendenden Bestimmungen des Gewerbegerichtsgesetzes unter besonderer Berücksichtigung der Literatur und Rechtsprechung. Von Magistratsrat Dr. **H. Depène,** Vorsitzender des Kaufmannsgerichts Berlin. 1914. 2 M. 60 Pf.

113. **Postscheckgesetz.** Von Oberpostinspektor **J. Weiland.** 1914. 1 M. 50 Pf.

113a. **Postscheckordnung** mit Ausführungsbestimmungen. Von Oberpostinspektor **J. Weiland.** 1914. Kart. 1 M. 50 Pf.

114. **Waffengebrauch und Festnahmerecht des Militärs.** Von Dr. **A. Romen,** Wirkl. Geh. Kriegsrat und Dr. **C. Rissom,** Kriegsgerichtsrat. 1914. 2 M.

In Vorbereitung:
Besitzsteuergesetz (Vermögenszuwachssteuergesetz). Von Geheimem Ober-Finanzrat **A. Fernow.**

Guttentagsche Sammlung

Preußischer Gesetze.

Textausgaben mit Anmerkungen. Taschenformat.

---

1. **Die Verfassungs-Urkunde für den Preußischen** Staat. Mit Einleitung, vollständigem **Kommentar**. Von Prof. Dr. **Adolf Arndt. 7. Aufl.** 1911. **4 M.**

2. Preußische **Beamten-Gesetzgebung.** Enthaltend die wichtigsten Beamtengesetze in Preußen. Von **C. Pfafferoth. 4., neubearb. Aufl.** 1905. Mit Anhang: Abänderung vom 27. Mai 1907. 2 M.

3. **Die Aufnahme des Notteſtaments** durch die bestellten Urkundspersonen. Anweisung mit Musterbeispielen und Abriß des Erbrechts von Amtsgerichtsrat **C. Kurtz.** 1904. 1 M. 50 Pf.

4. **Gebührenordnung** für **Notare** vom 25. Juli 1910. **4. Aufl.** bearbeitet von Justizrat **Rausnitz.** 1910. 2 M. 20 Pf.

5. Gesetz vom **24. April 1854 (betr. die außerehel. Schwängerung).** Von Dr. **Schulze.** 1873. 75 Pf.
Gültiges Recht siehe: Reichsgesetze Nr. 58.

6. Die Preuß. **Ausführungsgesetze und Verordnungen zu den Reichs-Justizgesetzen.** Von **R. Sydow.** Siehe Seite 24, Busch-Eylau, Ausführungsgesetze.

7. Allg. **Gerichtsordnung** und Preuß. **Konkursordnung.** Von **F. Vierhaus.** Vergriffen.

8. **Vormundschaftsordnung.** Von **F. Schultzenstein.**
Gültiges Recht siehe: Reichsgesetze Nr. 47.

9. Die Preußische **Grundbuchgesetzgebung.** Von Prof. Dr. **Fischer.** Vergriffen. Siehe: Reichsgesetze Nr. 42.

10. **Einkommensteuergesetz.** Von **A. Fernow,** Geh. Ober-Finanzrat. 8. **Aufl.** 1913. 5 M.

11. **Gewerbesteuergesetz.** Von **A. Fernow,** Geh. Ober-Finanzrat. **5., vermehrte** Aufl. 1910. 3 M.

12. **Allgemeines Berggesetz.** Mit seinen Novellen und Nebengesetzen. 3. **Aufl.,** bearbeitet von den Oberbergräten **Schlüter** und **Hense.** 1913. 7 M. 50 Pf.

13. **Ergänzungssteuergesetz** (Vermögenssteuergesetz). Von **A. Fernow,** Geh. Ober-Finanzrat. 5. **Aufl.** 1914. 4 M.

14. **Kommunalabgabengesetz.** Vom 14. Juli 1893 und Gesetz wegen Aufhebung direkter Staatssteuern. Von Dr. F. **Adickes,** Oberbürgermeister. 5. **Aufl.** Bearbeitet von Stadtrat Dr. **Woell.** 1911. 2 M. 40 Pf.

15. Die **Kreisordnungen** für den Preußischen Staat. Von O. **Kolisch,** Landgerichtsrat. 1894. 4 M.

16. **Konzessionierung gewerblicher Anlagen.** Preuß. Ausführungs-Anweisung zu §§ 16 u. ff. der Gewerbe-Ordnung. Von Dr. **W. v. Rüdiger,** Geh. Regierungs- u. Gewerberat. 2. **Aufl.** 1901. 2 M.

17. Preußisches **Gerichtskostengesetz.** Vom 25. Juli 1910. Mit Kostentabellen. Von Dr. **P. Siméon, Kammergerichtsrat.** 7. **Aufl.** 1913. 4 M.

18. **Preußisches Stempelsteuergesetz** vom 30. Juni 1909. Mit sämtlichen Ausführungsbestimmungen. Von **P. Loeck**, Geh. Regierungsrat. 7. **Aufl.** 8°. 1911. 7 M.

19. Das **Jagdscheingesetz.** Von **F. Kunze**, Wirklichem Geh. Ober-Regierungsrat. **2. Aufl.** 1899. 2 M.

20. Die **preußischen Erbschaftssteuergesetze.** Von **U. Hoffmann**, Rechnungsrat im Königl. preuß. Finanzministerium. 1905. 4 M.

(**Reichs**-Erbschaftssteuergesetz s. Reichsgesetze Nr. 77).

21. Gesetz **über die Handelskammern.** Von **F. Lusensky**, Geh. Regierungsrat. **2. Aufl.** 1909. 3 M.

22. Gesetz, betr. **Anstellung und Versorgung der Kommunalbeamten.** Von Dr. **W. Ledermann. 2. Auflage.** 1914. Bearbeitet von Dr. **Ludwig Brühl.** 2 M. 20 Pf.

23. **Ausführungsgesetz zum Bürgerlichen Gesetzbuche.** Von Kammergerichtsrat Dr. **P. Siméon. 3. Aufl.** 1914. 2,20 M.

24. Die **Hinterlegungsordnung** nebst Ausführungsbestimmungen. Von Regierungsrat Dr. **Georg Bartels. 2. Aufl.** 1908. 2 M.

—, Gesetz vom 21. April 1913 s. Nr. 53.

25. **Preußische Kommunalbeamtengesetzgebung.** Von Magistrats-Assessor Dr. **Fr. Kremski**, Berlin. 1901. 3 M.

26. Gesetze über das **Diensteinkommen der Lehrer und Lehrerinnen, Ruhegehalt und Fürsorge für Hinterbliebene.** Tabelle zur Berechnung der Ruhegehalts-, Witwen- und Waisenbezüge. Von Dr. **Ed. Cremer**, Beigeordneter. 1900. 2 M. 40 Pf.

27. Gesetz, betreffend die **Warenhaussteuer.** Von Geh. Ober-Finanzrat Dr. **G. Strutz.** 1900. 1 M. 20 Pf.

28. Gesetz über die **Fürsorgeerziehung Minderjähriger.** Von Landgerichtsdirektor Dr. **P. F. Aschrott. 2. umgearbeitete Aufl.** 1907. 2 M. 80 Pf.

29. Gesetz, betr. **die ärztlichen Ehrengerichte, das Umlagerecht und die Kassen der Aerztekammern.** Von Amtsgerichtsrat Dr. **F. Fidler.** 1901. 1 M. 50 Pf.

30. **Das Preußische Staatsschuldbuch** und **Reichsschuldbuch.** Von Wirkl. Geh. Ober-Finanzrat **J. Mücke.** 1902. 2 M.

31a. **Die geltenden Preußischen Gesindeordnungen.** Herausgegeben in zwei Bänden von **Stephan Gerhard,** Rechtsanwalt in Berlin.

Band I: Gesindeordnung für die altpreußischen Provinzen vom 8. Nov. 1810, bearbeitet mit ausführlichen Erläuterungen unter Berücksichtigung der Ergänzungsgesetze, der Rechtsverhältnisse der Stellenvermittler und der Reichsversicherungsordnung, sowie die Gesindeordnungen für Neuvorpommern und Rügen und für die Rheinprovinz. **2. Aufl.** 1914. 3 M.

31b. **Band II:** Gesindeordnungen für Hannover, Schleswig-Holstein, Hessen-Nassau und den Regierungsbezirk Hohenzollern. 2 M. 50 Pf.

Siehe **auch** Seite 25: **Ratgeber** von **Grieben.**

32. **Die Städteordnung für die sechs östlichen Provinzen** Preußens vom 30. Mai 1853. Von Stadtrat Dr. **Walter Ledermann** u. Magistratsrat Dr. **Ludwig Brühl. 2. Aufl.** 1913. 7 M. 50 Pf.

33. **Rentenguts- und Anerbenrechts-Gesetzgebung in Preußen.** Von Landgerichtsrat **M. Peltasohn** und Rechtsanwalt **Bruno Peltasohn.** 1903. 3 M.

34. Sammlung der wichtigsten **preußischen Strafgesetze** nebst Anhang: Gesetz betr. polizeiliche Strafverfügungen vom 23. April 1883. Von **Otto Lindemann,** Geheimen Justizrat. 1912. **2. Aufl.** 3 M. 50 Pf.

35. **Geschäftsordnung für Gerichtsvollzieher.** Von **Emil Exner.** 1904. 3 M. 50 Pf.

36. **Polizeiverordnungen in Preußen.** Von **Otto Lindemann,** Geheimen Justizrat. 1912. **2. Aufl.** 2 M. 50 Pf.

37. Gesetz über die **Enteignung von Grundeigentum** vom 11. Juni 1874. Von Oberlandesgerichtsrat **O. Meyer. 2. Aufl.** 1911. 2 M. 25 Pf.

38. **Kreis- und Provinzial-Abgabengesetz.** Vom 23. April 1906. Von **Fr. Schmidt,** Gemeindevorsteher. 1906. 1 M. 25 Pf.

39. Gesetz, betr. die **Unterhaltung der öffentl. Volksschulen.** Von Dr. **A. Marcks,** Regierungsrat. 1906. 2 M.

40. **Verwaltungsstrafverfahren** bei Zuwiderhandlungen gegen die Zollgesetze und indirekte Reichs- und Landesabgaben. Von Dr. **Richard Katzenstein.** 1907. 3 M. 60 Pf.

41. Die **preußischen Jagdpolizeigesetze.** Von **Fr. Kunze,** Wirkl. Geh. Oberregierungsrat und **R. Kühnemann,** Rechtsanwalt. **2. Aufl.** 1907. 3 M. 60 Pf.

42. Die Gesetzgebung über die **Allgemeine Landesverwaltung** und über die **Zuständigkeit der Verwaltungs- und Verwaltungsgerichtsbehörden.** Von Rechtsanwalt Dr. **Karl Friedrichs.** 1908. 3 M.

43. Gesetz betr. die **Zulassung einer Verschuldungsgrenze** für land- und forstwirtschaftlich benutzte Grundstücke. Von Dr. jur. **R. Leweck,** Syndikus. 1908. 2 M. 40 Pf.

44. **Quellenschutzgesetz** nebst den Ausführungsbestimmungen von **Carl Voelkel**, Geheimer Bergrat. 1909. 1 M.

45. **Rechtsverhältnisse der Juden in Preußen** von Dr. jur. **Max Kollenscher**, Rechtsanwalt. 1910. 2 M. 40 Pf.

46. **Austritt aus der Landeskirche** vom 14. Mai 1873. Von Gerichtsassessor **Hrch. Chr. Caro.** 1911. 2 M. 40 Pf.

47. Gesetz, betr. die **Feuerbestattung** von Amtsgerichtsrat Dr. **W. Lohmann.** 1911. 1 M. 50 Pf.

48. **Zweckverbandsgesetz für Groß Berlin** vom 19. Juli 1911 nebst Abdruck des allgemeinen Zweckverbandsgesetzes. Von Magistratsräten Dr. **Ludw. Brühl**, Dr. **Kurt Gordan** und Stadtrat Dr. **Walter Ledermann** in Berlin. 1912. 4 M.

49. **Gesetze gegen die Verunstaltung landschaftlich hervorragender Gegenden** mit Ausführungsanweisungen. Von Regierungsrat **Otto Goldschmidt.** 1912. 2 M. 50 Pf.

50. **Gesetz, betr. die Anlegung und Veränderung von Straßen und Plätzen in Städten und ländlichen Ortschaften** von Oberlandesgerichtsrat **O. Meyer.** 1912. 3 M.

51. **Das preußische Disziplinargesetz für die nichtrichterlichen Beamten** nebst dem Disziplinargesetze für die Privatdozenten. Von Regierungsrat Dr. **Eugen v. Tultzig.** 4 M. 50 Pf.

52. **Preußisches Wassergesetz** v. 7. April 1913 von Rechtsanwalt **Georg Wulff** und Rechtsanwalt **Ferd. Herold.** 1913. 5 M

53. **Hinterlegungsordnung** v. 21. April 1913. Von **Hagemann**, Landrichter. 2 M. 25 Pf.

54. Gesetz, betr. die **Anlegung von Sparkassenbeständen in Inhaberpapieren** nebst Ausführungsverordnung vom 8. Mai 1913. Kommentar von Rechtsanwalt **Herbert Döhring.** 2 M.

Struckmann-Koch, Zivilprozeßordnung für das Deutsche Reich nebst den auf den Zivilprozeß bezüglichen Bestimmungen des Gerichtsverfassungsgesetzes und den Einführungsgesetzen. In den neuen Fassungen mit der Novelle von 1910. **Kommentar.** Herausgegeben unter Mitwirkung von **K. Rasch,** Landgerichtspräsident in Altona, Dr. **P. Koll,** Senatspräsident beim Oberlandesgericht in Cöln, Dr. **Flechtheim,** Rechtsanwalt beim Oberlandesgericht in Cöln. **9., umgearbeitete Auflage.** 1910. Lex.-8°. 24 M., geb. 26 M.

Pinner, Kommentar zum Gesetz **gegen den unlauteren Wettbewerb** vom 7. Juni 1909. **2. Aufl.** Herausgegeben von Justizrat **Albert Pinner** und Rechtsanwalt Dr. **Erich Eyck.** 1910. Gr.-8°. 5 M. 50 Pf., geb. 6 M. 50 Pf.

Das preußische Warenhaussteuergesetz vom 18. Juli 1900, in Verbindung mit den anderen deutschen Warenhaussteuergesetzen. Erläutert von Dr. **J. Wernicke,** Syndikus. 1913. Preis 4 M. 50 Pf., gebunden 5 M.

Die Stempelsteuerpflicht bei Grundstücksübertragungen. Ein Hilfsbuch zur Berechnung und Einziehung des Immobiliarstempels. Zusammengestellt und bearbeitet von **J. Brachvogel,** Amtsgerichtsrat. 1912. Gr.-8°. Preis 6 M., geb. 7 M.

Patentgesetz und Gesetz, betr. den **Schutz von Gebrauchsmustern.** Von Justizrat Dr. **A. Seligsohn. 4., neubearbeitete Auflage.** 1909. Gr.-8°. 12 M., geb. in Leinen 13 M.

Die Preußischen Ausführungsgesetze, Verordnungen und ministeriellen Verfügungen zu dem Bürgerlichen Gesetzbuche und den Reichs-Justizgesetzen nebst anderen zugehörigen Gesetzen. Von **L. Busch. 2. Aufl.** von Landrichter **O. Eylau.** 8°. Preis geb. 4 M. 50 Pf.

Preußische Bürgerliche Gesetzsammlung. Sammlung der noch geltenden Landesgesetze privatrechtlichen Inhalts. Herausgegeben von den Gerichtsassessoren **D. Fischer** und Dr. **F. Schroeder.** 8°. 2 Bände Preis geb. in ganz Leinen 20 M.

Erster Band: **Das Allgemeine Landrecht mit den Einführungs-Patenten.** Preis 6 M.

Zweiter Band: **Gesetze von 1778—1902.** Preis 14 M.

Kommentar zum Stellenvermittlergesetz vom 2. Juni 1910 unter besonderer Berücksichtigung des zivilrechtlichen Gesetzesinhaltes mit den Ausführungsbestimmungen für **Preußen, Bayern, Sachsen** von **M. K. Samter,** Amtsgerichtsrat. 1912. Gr.-8°. Preis 4 M., geb. 5 M.

Die Gerichtspraxis. Herausgegeben von Kammergerichtsrat Dr. **Ernst Pape** in Verbindung mit Amtsrichter **E. Armstroff,** Berlin-Lichterfelde, Staatsanwalt Dr. **E. Falk,** Berlin, Kammergerichtsrat **M. Gfrörer,** Berlin, Amtsrichter **Wilh. Häuseler,** Berlin-Weißensee, Amtsgerichtsrat **Georg Krause,** Berlin-Tempelhof, Amtsgerichtsrat **L. Levy,** Charlottenburg, Landrichter Dr. **Max Nadler,** Berlin, Amtsgerichtsrat **H. Riefenstahl,** Berlin. 1914. Gr. 8°. Geb. 18 M. 50 Pf.

J. Guttentag, Verlagsbuchhandlung, G. m. b. H.
in Berlin W 10.

Die Invaliden- und Hinterbliebenenversicherung nach der **Reichsversicherungsordnung.** Eine systemat. Zusammenstellung der gesetzl. Bestimmungen von Dr. **Richard Freund,** Vorsitzendem der Landes-Versicherungsanstalt Berlin. 1911. 2 M., geb. 3 M.

Wie leitet man eine Versammlung? Geschäftlicher Handweiser für Vorsitzende. Von einem Mitgliede des deutschen Reichstages und des preußischen Abgeordnetenhauses. **2. Aufl.** 1908. kart. 1 M.

Praktischer Ratgeber für Dienstherrschaften nach dem Preuß. Gesinderecht unter Berücksichtigung der neueren Entscheidungen bearbeitet von **H. Grieben,** Verwaltungsdirektor a. D. und Bürgermeister. 1908. 1 M.

Das Recht der Handlungsgehilfen und Handlungslehrlinge. Von Rechtsanwalt **Hugo Horrwitz. 2. Aufl.** Geb. 3 M.

Die Registratur. Von **Hermann Kollrack. 2. Aufl.** 1906. 8°. **Kart.** 1 M. 40 Pf.

Die Pflichten des Waisenrates. Ein praktischer Leitfaden für Waisenräte und Verwaltungsbeamte. Von **F. Baum,** Geh. Justizrat und Vormundschaftsrichter. 8. **vermehrte und verbesserte Auflage.** 1906. 8°. 60 Pf.

Der Vormund, Gegenvormund, Pfleger und Familienrat. Nach dem Bürgerlichen Gesetzbuch, dem Reichsgesetz über die Angelegenheiten der freiwilligen Gerichtsbarkeit und dem Ausführungsgesetz zum BGB. Ein praktischer Leitfaden. Von **F. Baum,** Geh. Justizrat und Vormundschaftsrichter 1899. 8°. 50 Pf.

Schlagwort-Register.

R. = Nummer der Sammlung Deutscher **Reichs**gesetze.
P. = Nummer der Sammlung **Preußischer** Gesetze.
S. = Seite.

Schlagwort-Register. (R. = Reichsgesetz, P. = preuß. Gesetz.)

Schlagwort-Register. (R. = Reichsgesetz, P. = preuß. Gesetz.)

Schlagwort-Register. (R. = Reichsgesetz, P. = preuß. Gesetz.)

FSC
www.fsc.org
MIX
Papier | Fördert
gute Waldnutzung
FSC® C083411

Kolibri 360 GmbH
Ferdinand-Jühlke-Straße 7
99095 Erfurt, Deutschland
produktsicherheit@kolibri360.de